ちくま学芸文庫

日本の神話

筑紫申真

筑摩書房

“カミ”誕生の図（解説次頁）

カミの誕生を〝みあれ〟（御蔭＝荒＝生）という。みあれの信仰は日本では普遍的であった。だから、これを理解することが日本神話を理解する鍵となるのである。

カミは河海の水の中から誕生する。これは「熊野那智まんだら」（和歌山県、熊野那智大社蔵）の一部分。川上の聖地である那智の滝の水流の中から、誕生するカミを、あれおとめ、あれおとこ、男女二人の司祭者がすくいあげているところ。カミのみ生れの姿を、そのままズバリと表現した貴重な図だ。

みそぎ＝垢離かきは、〝みあれ〟の信仰の変化したもの。熊野那智まんだらには、これと同じ絵でありながら、同じ河流で〝みそぎ〟をしている人物をえがいたものもある。

目次

日本の神話

神話のふるさと　伊勢・志摩の展望

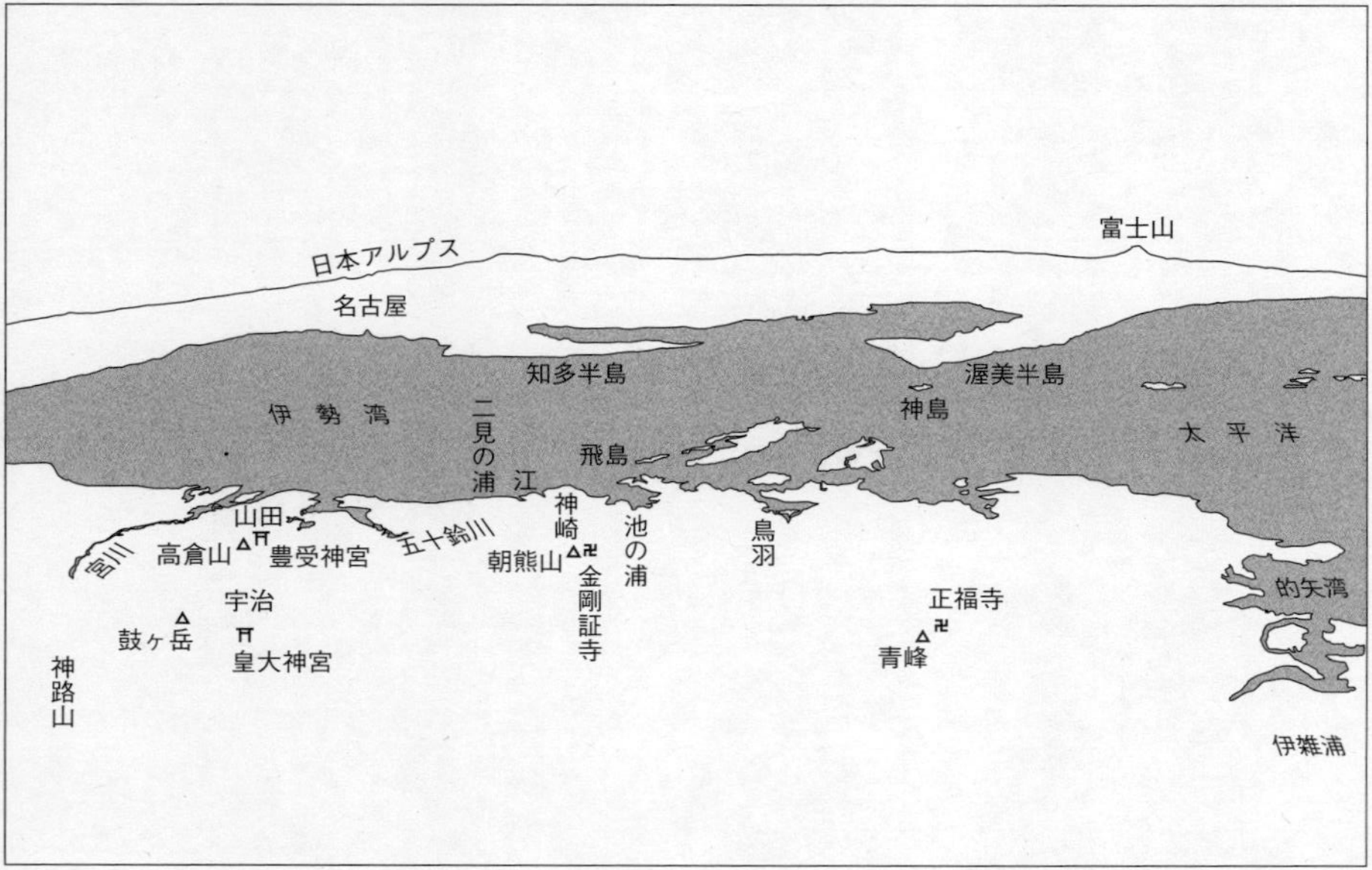

I 神話をつくる人びと

日本神話は、古代専制王権を美化するために〝つくられた神話〟だ。それには天武・持統帝に仕えた伊勢出身の海民が、創作した部分が多く含まれている。

忘られていた伊勢系神話を古典の中から析出してゆくと、神話のプロット構成の秘密は白日のもとにさらされる。

神話は生きている

尊皇と愛国の国粋主義がたくましくはばたいた明治時代——その懐旧さるべき〝明治は、遠くなりにけり〟と、すでに巷間に噂されている。しかし一見、もはや遠い過去のかなたに埋没したかにみえる明治の精神も、日本人のこころの奥底にたちいって吟味してみると、今日、果してどれほど遠い昔の夢ものがたりと化しているものであることやら、はなはだ疑わしいものがある。

日本のこころはいつでも〝先祖がえり〟をする特徴をもっている、といわれている。必要とあれば近代の民主主義を説くのに、神話のなかの、高天原《たかまがはら》の安《やす》の河原でカミガミが会議をしたという話までかつぎ出す錯誤《さくご》がいっこうに不思議がられないとまで慨嘆されている。日本の歴史の展開に当っては、古い昔の時代精神をそのつど克服しもせずに、ただ安易に外来の文化や思潮を次々に輸入しては、古い〝こころ〟の上に累積することを繰り返してきた。そこで現代日本の精神文化には古いものが重層的に累積し、生き生きと遺存していて、いまだに原始の精神すらもこころの根底にいきづいているという。

たとえば、いちおう文学史のうえでは、浪漫主義文学者の系列のなかにいれられている明治の文豪の泉鏡花にしてみても、その思想や作品の技巧が果してヨーロッパ近代の浪漫主義文学と範疇を同じくし得ているといえるものなのか、どうか。彼の代表的作品をとりあげて吟味してみることは、日本文化の特徴を把握するのに、実感的に役立つであろう。一見、ロマンとみえる彼の小説のふんい気は、実はおそるべくふるめかしい、日本の原始信仰的ムードに、べったりよりかかっていたものなのだった。しかも、それあるが故に彼の作品は、日本人のこころをとらえ、明治の魂を恍惚とさせることに成功したのであった。その驚嘆すべくふるめかしい精神的風土性こそ、われわれが今日、真剣にたちむかって分析し、反省しなければならぬ〝こころの内面性〟なのである。

鏡花の代表作『歌行燈《うたあんどん》』は三重県を舞台にして、ふしぎな魅力をもって読者を夢幻の境地にひきいれる。その道具だてを分解してみると、まず開巻劈頭《へきとう》に、桑名の旅館湊屋《みなとや》の環境を描き、揖斐《いび》川の川口の獺《かわうそ》を登場させている。

鱸《すずき》は刎ねる、鯔《ぼら》は飛ぶ。頓《とん》と類のない趣のある家ぢや。処が、時々崖裏の石垣から獺が這込んで、板廊下や厠に点いた燈《あかり》を消して悪戯《いたずら》をするげに言ひます。が、別に可恐《おそろし》い怪方《ばかしかた》はしはせぬで。こんな月の良い晩には、庭で鉢叩きをして見せる……時雨《しぐ》れた夜《よ》さりは、天保銭一つ使賃で、豆腐を買ひに行くと言ふ。其も旅の衆の愛嬌ぢや言ふて、豪い評判の好い旅籠屋ですがな、……

と記して、読者をこの世ならぬ境地に誘導する。

次に鼓《つづみ》ヶ岳の天狗を登場させている。鼓ヶ岳は宇治にあり、皇大神宮の神体山だ。鏡花は文中「さてもな、鼓ケ嶽が近い所為《せい》か、これほどの松風は、東京でも聞けぬ」と、古市《ふるいち》の宿の感懐を述べ、小説のなかの二人の主役、恩地喜多八とお袖をその山中に深夜に赴かせて、手に手をとって舞を学ばせ、「あの私がな、天狗様に誘ひ出された、と風説《うわさ》」させた。

鏡花の小説の幻想性は、日本の固有信仰にしっかりと根ざした発想から生じていて、容易に人びとを夢幻の共感へと誘う。

かわうそは、だいたい、河童《かっぱ》とおなじく、川のカミ・水の精《せい》の、零落したすがたなのである。川のカミの信仰が衰えてゆくと、恐れ尊ぶべき川のカミのすがたである河童《かわわっぱ》は、妖怪視されたり戯画化されてゆく。しかしもちろん、信仰のこころが厳粛に生きていた昔には、河童や、川のカミのトーテムとしてのかわうそは、こっけいな存在ではなかった。

皇大神宮において二十年に一度かならず行なわれる遷宮のときには、鼓ヶ岳の山中やそのほかのまつりに、おびただしい数量の鉄人形をカミにささげるしきたりになっているが、この鉄人形は、戯画化される以前の河童《かわわっぱ》であると私は判断している。

いおうとおもえば、アマテラス（アマテル）は河童である、天狗である、といってもすこしも差支えはない。なぜならアマテラス（アマテル）は鼓ヶ岳をつたわって天降ってきて五十鈴川の川上に〝みあれ〟（誕生）するカミ、つまり山のカミ＝川のカミだからだ。アマテラスの本質はそれほどまでに民衆的なカミだったのだ。

世に名高い京都の鞍馬山の天狗は、貴船神社のカミを妖怪視した表現である。鞍馬山の現地の説明は次の通りだ。

淀川―賀茂川―貴船川をさかのぼったゆきづまりのところ。貴船川の渓流をはさんで、貴船山と鞍馬山とがむかいあっている。鞍馬の天狗が源義経に剣術を教えたという伝説の場所は鞍馬山の中腹にある。清冽な貴船川と貴船神社の丹塗りの社殿を谷底にみおろす山腹の斜面に、その伝説の遺跡があり、いまはそこにささやかなお堂がたっている。現在の鞍馬寺は貴船のカミの信仰の霊地をえらんで、その山のカミを仏教化することによって、平安時代のはじめにつくられたもの。

この義経伝説は実は桃太郎伝説と同質で、いうなれば神武東征説話と揆を一にしている。義経のように偉大な人物ならば、カミの子とみなしてよいとする世上の一般的な感覚があって、義経の鞍馬山と京の五条の橋の伝説は生まれた。天狗に剣術をならって鞍馬を出で、京都の市中に出現し、人技を越えた偉力を発揮して、大の男の弁慶を降伏させる。そういう若い貴子の牛若丸こそ、川上の聖地のカミの人間化にほかならない。

なおまた付記するならば、京都や鞍馬のカミは貴船川―賀茂川―淀川を通じて、海のかなたの常世《とこよ》のカミ（海神＝竜宮）につながっているという意識が認められるのである。

これは近藤喜博博士の注目されるところであるが、淀川の河口の坐摩《ざま》神社は葦の葉のカミで、海神であった。これをまつる人たちは摂津（大阪府）の渡辺《わたなべ》党で、その渡辺の綱《つな》は、京都の河原のあたりで、妖婆の腕を切り落す。それは鬼の手首であった。このように河口の常世《とこよ》のカミは内陸の京の河原につながり、そこはまた貴船の山中につながるという信仰の一脈をたどることができる。そういう京都の五条の橋であるからこそ、貴船の山中で修業した義経は、川をはるばる下ってきて、そこで武名をあらわすことができたのであった（一寸法師の昔話とアイディアは同一）。

要するに天狗とは川上の聖地のカミなのだ。泉鏡花は図らずも『歌行燈』のなかで、プレ・皇大神宮のカミの本質をいいあてたことになる（〝鼓ヶ岳の天狗〟とはまさにプレ・アマテラスに該当すべき表現なのである）。

この『歌行燈』のなかで第三に注視すべき点は、固有信仰の潜水モチーフである。主人公の女性お袖は遊女に売られて、寒中、裸身で鳥羽の海に潜水せしめられ、岩にすがって「こいし、こいし」と泣く。これこそカミ妻を訪れてくる唯一の男カミに、操をたてる〝たなばたつめ〟のイメージに通ずる場面だ。そして一巻のクライマックスには謡曲と舞を登場させ、それがまた、海女の潜水、竜宮、竜神をテーマにしている。つまり『歌行燈』一巻には、常世《とこよ》のカミ＝天《あま》つカミ信仰の主要なエレメントは悉皆登場して、夢幻のふんい気を盛りあげるのに成功しているのであった。

浴みする美女

鏡花のもう一つの傑作『高野聖《こうやひじり》』のなかにあらわれる美女は、人里はなれて山中に住み、川に裸身を浴《ゆあ》みして魔性の妖術を行なっている。その怪奇性・幻想性がすなおに日本人のこころをとらえたのは、日本の読者大衆のあいだに、固有信仰的な知識と約束がびまんしてひそんでいたからにほかならぬ。鏡花の美女はあきらかに、カミに仕える〝たなばたつめ〟の幻想なのだ。たとえていえば、天の羽衣をぬいで美保の松原の海辺に浴みした天女――それはククリヒメたるアマテラスと同質の巫女――のイメージがそこにはありありと投影している。ただし『高野聖』の場面は海辺ではなく、川上の聖地に該当する山奥に設定され、その小説の実際のモデル地は中部地方の飛驒の山奥になっている。

川上の山姥《やまうば》＝たなばたつめの信仰の記憶こそが、読者にアピールするための『高野聖』の、計算された伏線なのであった。ここにも『歌行燈』の場合のように潜水モチーフがみられて、妖奇のふんい気をかもし出すのであった。

いまでこそ鏡花の作品の怪奇性は、若い世代には次第にわからぬものになりつつある。それけれどもまだ、そういう民間伝承的ふんい気は国民のこころをとらえて離さない。それは日本の現代の、社会構造の底辺にみられる、〝生きている原始遺制〟と深いかかわりあいがあるのだ。

原始信仰の気分が人びとに理解されうる普遍性をもちつづけるかぎりは、神話は生きている。それは生きつづけ、日本人のこころをとらえつづけると思われる。狭くたとえをとるならば、『歌行燈』や『高野聖』を読んで感動できるあいだは、日本人のこころの奥底で〝つくられた日本神話〟も生きつづけることができる。——なぜなら、日本神話やこれらの鏡花の小説は、みな日本の原始的な固有信仰を基盤にして創作された作品なのだから。ことばをかえていえば、固有信仰の残映が民間になお赫々とみられるかぎりは、日本神話も鏡花の作品とともに、日本の民衆の共感を保ちつづけ、魂の中に生きつづけることであろう。

神話の普及

七世紀末から八世紀のはじめに大和の宮廷で創作された日本神話が、その後、日本人の共通の知識になってゆくためには、伊勢御師《おんし》の活躍が大きな役割を果した。伊勢御師とは、伊勢神宮の信仰を布教する宣教師たちだ。

平安・鎌倉時代には熊野信仰（和歌山県。熊野本宮・新宮・那智の三山信仰）が盛んで、熊野御師《おし》がそれを全国に宣伝して歩いた。熊野比丘尼《びくに》とよばれる女性の僧侶の活躍もみのがせぬ。そのあとをうけて室町・江戸時代には伊勢の内・外宮の御師《おんし》が全国の民衆に伊勢のカミの威力の偉大なことを宣伝してまわった。伊勢の比丘尼の活動もめざましかった。

御師が全国的に民衆をその信者に組織することができた理由は、伊勢のカミが、全国共通に存在していた水神信仰（海神＝天つカミ＝農神＝太陽信仰）と共通の基盤をもっていたからであった。だからこそ伊勢のカミは、遠くから訪れてくる偉大な来訪神（常世のカミ＝客人神《まろうど》）として、すなおに各地の村里に受けいれられることができたのである。

京都あたりでは、「お伊勢七度《ななたび》、熊野へ三度《みたび》、愛宕《あたご》さんへは月まいり」とうたわれているように、参宮道者《さんぐうどうじゃ》は全国から伊勢に雲集し、門前町の古市《ふるいち》は繁昌をきわめた。江戸時代には〝お蔭《かげ》まいり〟と呼ばれる爆発的な参宮の流行現象がみられ、文政十三年（一八三〇）には四百万人以上の参拝者があったという。御師《おんし》の数は宇治に二百七十軒、山田に六百軒余。少年少女が抜《ぬ》け参りと称して、ひそかにわが家や奉公さきをぬけ出して、伊勢への無銭旅行を試みるという冒険も流行した。

このような伊勢信仰へよせる庶民の驚くべき親近感・信頼感というものは、実は全国の民衆がそれぞれに村むらの生活のなかで、生き生きと保ちつづけていた原始的な固有信仰の体験によって裏打ちされていたのである。伊勢信仰も、村のひそやかな現実の信仰も、基本は一つであったのだ。

このようにして伊勢信仰は日本全土にスムーズに拡大され、宣伝されていった。伊勢信仰の本質には、きわめて生産生活的で現実的な性格があったからこそ、それは民衆をひきつけることができたのだ。ところが、そういう伊勢信仰の宣布に便乗して、もう一つ、重大なそえものが全国に宣伝される結果をもたらした。それは、『古事記』『日本書紀』が主張する〝つくられた神話ものがたり〟の宣布という事実である。

農業神の信仰であるが故にこそ布教されることができた伊勢信仰なのであるけれども、そのなかの主神アマテラスが、古典のなかの最高神・国家神であり、且つ天皇の祖先神であったために、伊勢信仰は尊皇思想を全国の民衆に普及する結果を招来した。

幕末から明治にかけて、国学・国粋思想が急速度に発生し普及し高揚した事実の背景には、室町・江戸期を通じてみられた伊勢信仰の全国的普及と、それにつながる日本神話の民間への浸透という史実が横たわっていたのであった。

日本神話を論ずる場合、伊勢を忘却していてはならない道理であった。

国歌「君が代」への幻想

いまでこそ少なくなったが、戦前の日本に多かったのが〝儀式〟である。その儀式のたびに国歌「君が代」をうたった。子どものわたしはうたいながら、いつも首をかしげた。なぜ小さな石が大きくなるのだろう——どう考えてもわからない。

「君が代」のもとになった歌は、平安時代の歌集の『古今集』にのせられている、有名な次の歌だ。

わが君は千代に八千代に、さざれ石の、いはほとなりて苔《こけ》のむすまで。

ところがこの歌の意味は、その後、大学で古代の信仰を勉強してやっとわかった。つまり、むかしの日本には〝生きている石〟の信仰があったのだ。カミの霊魂のよりついている石は年ごとに成長してゆき、はじめは小石であっても、ついには大岩になると信ぜられていたのである。

理屈ではわかったけれども、この生石《おいし》の信仰は、私の実感にまではやっぱりならなかった。ところが最近、私は、この生石の信仰が、現代にもなお生きつづけていることを知って、驚嘆するとともに、長年の疑問を氷解したのである。

伊勢神宮にほど近い、鳥羽から志摩半島の先へ通じている観光道路のほとりの、川の中に一つの岩がある。鳥羽市の白木という山奥の村で、加茂川の上流のスダ川とよぶ小川のなかにある石だ。

村びとが正確に記憶しているちかごろのできごとなのだが、ある石工がこの石を割り取ろうとして、のみをあてた。すると彼は急に寒気がして、すぐに仕事をやめて家にかえって寝込み、間もなく死んでしまった。――この石はカミの石だったのだ。そこで村びとは鳥居をたてて〝石神さん〟としてまつった。いまでも村の婦人会は月にいちどは清掃奉仕をしている。そして次の俚謡《りよう》がうたわれた。

なにも白木に名所はないが、スダの小川の一つ石、叩きゃ血が出る石がある。

カミのたたりをうけて死んだ石屋さんの打ちつけたのみの痕《あと》は、この神聖な石の上に、数カ所、いまでも残っている。

さて、伊勢志摩国立公園のなかを歩いてみると、このようなカミのよりつく岩石がたいへん多いことがわかる。しかもこの「君が代」の歌は、実はもともと、伊勢志摩の村民が、そのむかし都へ服従のしるしとしてささげた寿歌《ほぎうた》であったらしいことがわかった。『皇大神宮年中行事』という鎌倉時代の記録をみると、大昔から、毎年、六月十五日になると、いまの二見の浦の五十鈴川の河口で、次の歌がうたわれていた。

わが君のお浜出《はまで》の御座船の蟬（滑車のこと）の上に、千代といふ鳥舞ひ遊ぶ。

わが君の、おはしまさんことは（命を乞はば、ともいう）さざれ石の、いはほとなりて苔のむすまで。

この二つの歌は、五十鈴川のほとりの村むらのかしらたちが、皇大神宮の神官を迎えて、彼に服従を誓った歌だった。

その歌を皇大神宮の神官が、さらにまた天皇への服従の誓いにささげたものが、都でリファインされて『古今集』の歌にまとめられたものらしい。この他にも伊勢歌といって、この地方から都にささげられた歌は多い。

『皇大神宮年中行事』の歌は、たいへん素朴で、字余りの歌であったり、『古今集』の歌のエレメントが二つの歌にわけられたりしている。こういうかたちは、都の歌が地方に流れてきてくずれたもの、ということはできない。たいへん古風だからだ。

二見の浦の五十鈴川の河口は〝君が代発祥の地〟という記念すべき所と私は思っているのだが――。

服従の誓い

「君が代」の由来を、もう少し追求してみよう。古代の日本では、七世紀のころ、村国《むらぐに》は大和《やまと》の朝廷に服従を誓うために、じぶんたちの部族のむすめを天皇に捧げていた。そのようすは、三重《みえ》の采女《うねめ》の天語歌《あまがたりうた》の話（『古事記』雄略天皇の条）を読んでもわかるとおりである。

采女とは、折口信夫博士のいわれるところによれば、村国のかしらが天皇に貢納した巫《み》女《こ》だった。そして天語歌は、朝廷に討ち従えられた漁民の集団（海部《あまべ》）が、朝廷の代表者たる天皇に服従を誓約する歌なのだ。そういう、服従を誓う歌は寿歌《ほぎうた》とよばれた。村国を代表して天皇の宮廷にすみついて仕えていた采女は、全国の各地から集められていたが、彼女らは、ふるさとの同族を代表してこの寿歌を、宮廷で天皇に捧げてうたったものらしい。

ところで三重県下の南伊勢《みなみいせ》・志摩《しま》の漁民は海部のなかでも、とくに磯部《いそべ》（伊勢部《いせべ》）とよばれていた。その磯部たちのなかでも、日本神話の創作にもっとも大きな役割を果したのは、〝五十鈴川すじ部落国家〟の首長だった宇治土公《うじのつちぎみ（とこ）》と、その女子の系統で猿女君《さるめのきみ》とよばれた人たちだった。この宇治土公と猿女君とを除外しては、日本神話を論ずることはできない。

猿女君は宇治土公と同族の巫女である。彼女らは五十鈴川すじ部落国家を代表して、南大和《やまと》にある天皇の宮廷にさしだされ、仕えていた。いわば采女のようなものだ。

彼女らの役目は宮廷の神事舞踊である。猿女は毎年十一月の中の卯の日に、宮廷で太陽の霊魂の復活祭を行ない、舞踊を実演していた。このまつりは元来、猿女のふるさとの固有信仰なのであって、宇治土公が猿女を派遣して天皇に捧げさせた行事なのだ。そしてこのまつりの由来を説話化したものが、日本神話の体系のなかでもその中核になっている、なだかい天の岩戸神話なのである。そして神話のなかの立役者アメノウズメは猿女君の先祖だというのである。

そんなわけで、さきにのべた「君が代」のもとになった歌も、神歌《かみうた》とよばれて、元来、五十鈴川すじの村むらのかしらが、その村むらを統率する部落国家のかしらの宇治土公に捧げた服従の誓いの歌であった。それを宇治土公が、さらに都の天皇にたいして、その部落国家を代表して服従を誓約するために捧呈した寿歌だったのだろう。だいたい寿歌とはそのように、下から上へと順々に献呈されてゆくものなのだ。

このようにして宮廷の儀式の場面では、猿女君が南伊勢のふるさとの同族を代表して、天皇に、服従の誓いのしるしとしてこの歌を披露していたもの、と推察してよいようである。

国歌「君が代」ができるまでのこのような因縁《いんねん》ばなしは、日本神話の成立する事情を追い求めてゆく場合に、たいへんヒントになる話であった。

なぜなら、日本神話の素材というものは、村国《むらぐに》が捧げた寿歌《ほぎうた》や寿詞《よごと》(服従の誓詞)や、固有信仰の類なのだから。そして、天皇家の家系としての神統譜《しんとうふ》(カミガミの系図)を説明し、大いなるニッポンに天皇が君臨して支配する権利のあるわけを、神話の世界で論証しようとするのが古典のなかの日本神話の役目であった。そういう日本神話は七世紀の末に、絶対的な天皇の専制主権をうちたてた天武・持統のふたりの天皇夫妻が、南大和の宮廷のなかで、その側近の神事伝承者らに創作させ、とりまとめさせたものなのだ。そのように宮廷で行なった神話編集のしごとには、猿女君や、その一族で古事記を誦習した稗田《ひえだの》阿礼《あれ》が大きな役割を果している。そして彼女らを通じて日本神話には、南伊勢・志摩の漁民が捧げた寿歌や固有信仰が、神話の筋のはこびのための主要なプロットに採用されていることはたしかなのだ。

このようにして日本の僻地の伊勢志摩国立公園地域（南伊勢・志摩）には新しく話題がふえた。海女《あま》と真珠と伊勢神宮が観光の金看板になっているこの地域は、実は、日本神話の揺籃《ようらん》のところだったのだ。大八洲《おおやしま》とよばれる日本群島にまたがって、壮大な規模につくりあげられた〝大いなる神話ニッポン〟も、もとをただせばその原型は、志摩半島の、ささやかな島・山・川のたたずまいにすぎなかったのである。

海から天へ

さてこれから、この論稿で南伊勢・志摩の固有信仰からみた日本神話の構造論を展開しようとするわけである。それに先だって、立論の前提となることがらを五項目ほど掲げておきたい。

(1) 折口博士の指摘された「天の岩戸神話は、猿女が宮廷で行なう、真冬の太陽霊復活祭を説明するものがたりである」という事実。

(2)　猿女はアメノウズメの子孫で、伊勢の海部《あまべ》（磯部《いそべ》）が宮廷にさしだした神事舞踊家・巫女であった。また、古事記を誦習した稗田阿礼《ひえだのあれ》は、猿女の一族たる巫女だという事実。

(3)　従って猿女君や稗田阿礼（いずれも南伊勢の五十鈴川すじの土豪たる宇治土公氏と同族）が宮廷で創作に当った日本神話の、その原型となったものには、南伊勢・志摩の固有信仰＝地方神話が含まれており、しかもそれらが神話体系の急所急所に配置されている、という事実（筑紫申真『アマテラスの誕生』〈講談社学術文庫〉は、それを証明する資料をいくつか紹介している）。

(4)　巫女がカミがかりしてものがたる話の内容というものは、けっきょくじぶんのふだんの生活体験の範囲をこえるものではない。だから宮廷巫女たる猿女（や阿礼）が担当したところの日本神話の観念的な創作の、そのフィクションも、けっきょく、猿女らのもともとのふるさとにおける信仰体験を基礎とせざるをえなかった。そこで南伊勢・志摩の古代信仰の事実とその体系とは、日本全土に拡大された〝大いなるニッポン神話〟の骨組みに転用されざるをえなかったろう、という想定。

(5)　猿女と阿礼のふるさとの信仰体系とは、〝常世《とこよ》のカミから天《あま》つカミへ〟の信仰変遷である。つまり〝海《あま》から天《あま》へ〟の信仰のうつりかわりなのだ。しかもそれは南伊勢・志摩ばかりでなく、日本の全国において七世紀ごろ、もっとも普通にみられた固有信仰の現実だった。折口博士は高著『古代研究』のなかで、それについて次のようにのべられた。

日本の国には、国家以前から常世神《とこよがみ》といふ神の信仰があつた。常世神とは海の彼方の常世の国から、年に一度或は数度此国に来る神である。常世神は海の彼方から来るのがほんたうで、此信仰が変化して、山から来る神、空から来る神といふ風に形も変つて行つた。此処に高天原から降りる神の観念が形づくられて来たのである。今も民間では、神は山の上から来ると考へてゐる処が多い。

青垣山にとり囲まれた平原などに村国《むらぐに》を構へる様になると、常世神の記憶は次第に薄れて行つて、此に替るものが亡くなつた。さうして山の神が次第に尊ばれて来て、常世神の性格が授けられて来る。常世及びその神の純な部分からは、高天原竝びに其処に住む天つ神の考へが出て来た。

このような固有信仰＝地方神話のうつりかわりの体系が、日本神話のプロットに、そのまま転用されている。その実態を本稿では論証してみようと思うのである。

〝海から天へ〟の信仰変遷を典型的に残している皇大神宮の神事およびそれにまつわる民間伝承を説明しながら、そういう村国の信仰体系が日本神話の体系とどのようにつながりあい、どのように母胎となっているかを解明してゆきたいと思うのである。

神話のプロット

志摩国は七世紀には伊勢国にふくまれていて、淡郡《あわのこおり》とよばれていた時期がある。粟島《あわしま》であったのである。また古典によれば、南伊勢の五十鈴川の河口の一帯も、そういう粟島（国）であったのだ。

わが国の海岸には各地に、淡（粟）島（国）とよばれる地域がある（島とは、古語では島嶼ばかりでなく陸地をも意味していた）。そこには漁民たちがすみ、漁業生活をし、そして信仰的には、海のかなたから寄りくるカミ＝常世《とこよ》のカミをまつっていた。

五十鈴川の川上の宇治にある皇大神宮のアマテラスも、もとをさぐると最も古くは、五十鈴川口の海岸でまつられていた常世のカミであったのだ。そういう過去の生いたちの秘密をもっていることが皇大神宮のまつりをしらべてみると、文献によってはっきりと実証できるのである。

すなわち、本源的なプレ・プレ・皇大神宮は常世のカミ＝淡島《あわしま》のカミであったし、プレ・皇大神宮は天つカミであった。つまり〝常世のカミから天つカミへ〟すなわち〝海から天へ〟の信仰変遷を経てからのちに、皇室の祖廟たるアマテラスの神宮は、宇治という〝川上《かわかみ》の聖地〟に成立することができたのである。

それからまた、志摩の磯部というむらにある伊《い》雑宮《ぞうぐう》（皇大神宮の別宮）も重要だ。このカミは『日本書紀』の神功皇后の条の記事によると、プレ・皇大神宮のカミとたいへん密接な関係があって注目に値する。すなわちこのカミは〝淡郡《あわのこおり》のカミ〟と名のって、プレ・皇大神宮のカミであるツキサカキのカミとならんで出現している。このカミの信仰変遷を磯部むらの現地の民間伝承によってあとづけてみると、それはまた、皇大神宮の〝海から天へ〟のうつりかわりと、まったくおなじケースであることがわかる。

古代の固有信仰のカミが、そのふだんの居場所を〝海から天へ〟とかえていったことをみぬいて、古代信仰のなかに常世のカミの概念を確立されたのは、まことに折口博士の功績であった。

このような信仰変遷の事実に目をそそいで、文献史学的・民俗学的に、また歴史地理学的に地域の地面に密着して具体的な追究をしてみると、驚いたことには、日本神話のプロットがなぜあのように組みたてられたのか、スムーズに説明できるのである。――つまり、なぜアマテラスは海で誕生し、しかも空に住むようになったのか。ことばを換えていえば、なぜ〝海から天へ〟のうつりかわりを示したのか。次いで、アマテラスの孫はなぜ天から九州の僻地へと降臨しなければならなかったのか、がわかるのである。それからまた、そのような日本の僻地の日向《ひむか》から、ひとの多くすむ、よい国の大和《やまと》へと、なぜ神武天皇が訪れてこなければならなかったのか、がわかるのである。

カミの経めぐりのコースが、海↓天↓川上の聖地（僻地）↓人びとの生活地域へ、であったという固有信仰の体系は、古代においては日本のどこででもみられた。一つの川すじを占める村国ごとに、もっとも普通にみられていた信仰事実であったのである。けれどもそういうなかでも、やはり南伊勢・志摩の海部《あまべ》（磯部《いそべ》）が、その村国でもっていたこの信仰は、猿女君や稗田阿礼によって都の宮廷神話のなかに、実際に、具体的にもちこまれていたのだ。この現実はみのがせない。日本神話の大綱は、やはり彼女たちによって、みやこでつくられたものであった。

さあ、そこでこれから、南伊勢の五十鈴川すじと、それから伊雑宮のある志摩半島の神《かみ》路《じ》川すじとの、二つの村国の固有信仰を追究してゆくことにしよう。そこから日本神話の原型をさぐりあててみよう。

Ⅱ　日本神話の基盤

伊勢神宮の〝贄《にえ》の海《うみ》の神事《しんじ》〟こそ、日本神話の謎を解く鍵。それは毎年、六月十五日に二見の浦の神崎で行なわれていた海神祭だった。皇大神宮のアマテラスも国歌「君が代」もこの海で誕生した。

飛島（八島）風景

八島

五十鈴川は流れて伊勢海にそそぐ。その河口の右岸の突端を神崎《こうざき》と呼んでいる。その前面の海には飛島《とびしま》というささやかな列島がならんでいる。

この列島は伊勢・志摩の境界の上にあり、古書によれば淡良伎島《あわらぎ》ととなえられていた神聖な島々だ。

鳥羽市鳥羽町の氏神の賀多《かた》神社にある江戸時代の稿本『鳥羽神社誌』をみると次のように記している。

或説曰、志勢之海内淡良伎嶋者、二尊所生之大八洲也。豈其然乎。誤謬之甚者也。

この淡良伎島はイザナギ・イザナミの二人

賀多神社

のカミが生んだ大八洲《おおやしま》だ、と世間ではいうのだが、どうしてそんな馬鹿なことがあろう。とんだまちがいをいうものだ。と、この稿本の著者はあきれているのだが、しかしこれは、もういちど、まじめに考えなおして読むねうちのある記事である。

元禄六年（一六九三）の『鳥羽八王子之帳』によると、この賀多神社のカミは飛島＝淡良伎島＝八島《やしま》のカミであった。

鷲《わし》の羽《は》の御船《みふね》に乗りて児《こ》の谷に、天降ります八つ島の神。

八島のカミが賀多神社に降臨してまつられはじめた聖武天皇の神亀元年に、そのカミが巫女《みこ》に託して詠んだ和歌がこれだという。このように賀多神社のカミは鷲の羽の御船に乗って降臨した八島のカミであった。だからいまでもこの神社の神体は、船にのせられている、と伝えられている。

この八島のカミこそ、プレ・プレ・皇大神宮のカミに当る、常世《とこよ》のカミであった。それは、さきに前章「神話をつくる人びと」に掲げておいた、国歌「君が代」のもとになった寿歌《ほぎうた》と、同じ時にうたわれる神歌《かみうた》のなかに、次のようなものがあることからいえるのである。

淡良岐《あわらぎ》や、島は七島《ななしま》と申せども、毛無加《けなしか》てては、八島《やしま》なりけり。

贄の海の神事

皇大神宮では明治維新のときまで、毎年六月十五日になると、その神官たちは五十鈴川の流れを下って船に乗ってその河口の神崎《こうざき》にやってきて、〝贄《にえ》の海《うみ》の神事《しんじ》〟というまつりを行なっていた。その儀式は九世紀のはじめに編集された『皇大神宮儀式帳』に記録されているが、まつりのくわしいしきたりは鎌倉時代の『皇大神宮年中行事』をみるとよくわかる。

そこで贄の海の神事とはどういうまつりなのか、ややくわしく述べてみることにしよう。

実はこれこそ、プレ・プレ・皇大神宮のカミたる常世のカミ、つまり海のかなたから陸地

神崎の遠望

をめざして訪れてくるカミ（海神・竜宮・太陽神）を、一年にいちど迎え入れる、たいへん重要なカミまつりであるから——。そしてこの神事こそ、日本神話の発端の部分の、原型となった信仰であるのだから——。

御座の岩

建久三年（一一九二）の『皇大神宮年中行事』は贄の海の神事を次のように描写している。

六月十五日の早朝から皇大神宮では〝一《いち》の禰宜《ねぎ》〟をはじめとする神官たちが、そこから馬で出発し、途中鹿海《かのみ》というところで船にのりかえて五十鈴川の河口の神崎へやってくる。

神崎は、二見の浦の夫婦岩のある岬と向かいあった、反対がわの河口の岬だ。そこには海岸の二カ所に、まつりのための臨時の仮屋《かりや》が建てられた。ここで神官らは休憩し、海の潮のなかにはいって塩浴《しおあ》みする。それから芝の根をたすきにして潮の干をみはからって、その海岸（御饌《みけ》嶋という）で三種類の御饌の贄《にえ》をとるのである。その三種類の、カミの召上りものとは海松《みる》と絲蠣《かき》と鯷《せい》である。それをそれぞれ七つずつとって、用意の苞《つと》にいれて、海岸の〝御坐《ござ》の岩〟の上に安置する。鯷とは一年生の黒鯛のことだ。ちまだいである。この地方ではチンタと呼んでいる小鯛のことなのである。

〝御坐の岩〟とはカミが訪れてきてよりつく岩（巌座《いわくら》）という意味だ。そういうことになると、この尊い岩の上に安置されるこの三種類の海の生物、海草と貝と魚とは、実はカミの霊魂のよりついた生物であった。つまり、一年にいちど、日をきめて、海のかなたから海岸に訪れてきた常世のカミそのものの姿とみなさなければならないのである。

神官たちは、やがて船に乗ってこの三種類の生物を皇大神宮に持ち帰り、皇大神宮の由《ゆ》貴殿《きでん》の巽《たつみ》（東南）の軒先きに懸《か》けておく。これは翌十六日の夜まで懸けておくのである。二十年にいちど、恒例によって由貴殿を新築するときには、わざわざこの魚たちを懸けるために、軒先きの耳を一枚だけ切り残しておくほどに、注意深く気を配ってあるのだ。

我が君の

この贄《にえ》の海《うみ》の神事というのは、どうも、もともとの意味をたずねてみると、そのむかし、

海女

〝五十鈴川すじ部落国家〟の首長の宇治土公《うじのつちぎみ》が、常世《とこよ》のカミを一年にいちど海岸に出迎え、そのカミを五十鈴川の川上の聖地に誘引する儀式であったらしい。つまり海のカミをやがては天のカミにと、迎え入れて、転化させていたものらしいのだ。

　このまつりの際には、部落国家のかしらの宇治土公氏は、祭政一致の司祭者・君主として、五十鈴川すじの村むらの代表者（後には刀禰《とね》と呼ばれた）たちから祝福を捧げられた。それが一つには、贈られた鯛を食べる行為であり、一つには「君が代」のもと歌となった寿歌を、刀禰たちによって捧げられる儀礼であったのだ。

　常世《とこよ》カミそのものである三種の海の生物をとるのに先立って、仮屋で休憩しているときに、鹿海《かのみ》（伊勢市）と小浜《おはま》（鳥羽市）の海士《あま》たちは生鯛を貢献し、一の禰宜《ねぎ》たち（神官ら）はこれを食べるのである。これはカミのよりついた魚を食べることによって、神官がカミそのものになることを意味したのであろう。『儀式帳』『皇大神宮年中行事当時勤行次第私註』という本の著者は、九世紀のはじめごろには、『儀式帳』によって考えてみると皇大神宮の大内人《おおうちんど》（禰宜《ねぎ》に次ぐ第二位の神官）である宇治土公氏も、禰宜の荒木田《あらきだ》氏とともに海のなかにはいって魚貝を漁ったのだ、と指摘している。しかるに後になるとこの贄の海の神事には宇治土公氏は加わらなくなった。

ところが皇大神宮の禰宜（第一位の神官）の荒木田氏は、もとは南伊勢の外城田《ときだ》川すじの村君《むらぎみ》であった。それが、皇大神宮のできあがった七世紀末ごろに、大和朝廷の政策的な登用によって、皇大神宮の禰宜という高い地位を得たものに過ぎないのだ（筑紫申真『アマテラスの誕生』XI）。だから、プレ・皇大神宮やプレ・プレ・皇大神宮の段階では五十鈴川すじにおいては、まつりは宇治土公氏オンリーで行なわれていたものと信ぜられる。

そこでその昔、宇治土公氏が土公《つちぎみ》（村国《むらぐに》の君《きみ》＝首長）として、五十鈴川すじの村むらの代表者から服従の誓約の歌をささげられるその儀礼というのが、この贄の海の神事のときであった、とみなされることになるのである（平安時代のいつごろからか、擡頭する荒木田氏の勢力に押されて、宇治土公氏は贄の海の神事に参加しなくなっているけれども）。

チンタなど三種の海の生物を船に乗せて五十鈴川の川上めざしてさかのぼり帰参しようと、船が動きはじめたとき、村むらの代表者＝刀禰《とね》たちはカミをたたえる歌をうたった。

それが、

淡良岐や、島は七島と申せども、毛無加ては、八島なりけり。

という神歌であった。そして彼らはさらに声をそろえて次の歌を唱和した。

我がや漕ぐ、一の帆筒の滑車《せみ》の上に、寿《とし》を千歳《ちとせ》と云ふ、花の咲いたる。
我が君の御坐《おわしま》さむことは細石《さざれ》の、巌《いわお》となりて苔の生すまで。

この寿歌は、また、

我が君の御浜出《おはまで》の御座船《ござぶね》の滑車《せみ》の上に、千代と云ふ鳥舞ひ遊ぶ。
我が君の命を請はば細石の、巌となりて、苔の生すまで。

ともうたわれた。

このような寿歌をうたった村びとの気持ちは、いまも伝統となって残っているようにみえる。たとえば五十鈴川の河口の江村（二見の浦）には、いまでも浜千代《はまちよ》という姓をなのるものが多い。それは「千代という島」の残映とみておいてよいのであろう。折口博士は、古くはカミに関係した神聖な数字は七であったが、それが後には八に転化していった、と説かれた。

五十鈴川口でも、海のカミをまつる太古の神聖な数字は七であった。だから海の生物も七ずつとったのだ。八島をたたえるカミ歌は、その神聖な数字が七から八へと変化していったことを表現している。実際、飛島は、樹木の生い繁った七つの小島と、一つの毛無島《けなし》(木の生えていない岩だけの小島)とが一列にならんで形成されている、無人の小列島なのである。

興玉

このような海のカミ＝常世のカミは、〝沖《おき》の魂《たま》〟であった。このような沖の魂は五十鈴川の川上の宇治(宇治土公氏の居住地の楠部むらの、すぐ上手の山峡)でまつられて〝興玉《おきたま》のカミ〟となった。

興玉のカミはいまでも、皇大神宮の神垣の内がわに、一つの小さな巌石を置いて、これによりついているものとみなしてまつられている。皇大神宮のあらゆる重大なまつりのまえには、まずこの興玉のカミを、いまにいたるまでていねいに祭典を行なってまつっているのである。

内宮の興玉神をまつる石

興玉は猿田彦《さるだひこ》だとも信ぜられている。神話のなかの猿田彦はたいへん海と関係の深いカミであった。彼は伊勢の海岸で、ひらぶ貝に手をはさまれて水死する。これはサルダヒコが沖の魂＝常世のカミであった過去のある証拠だ。

サルダヒコは実はアマテラスと同一の太陽神であり（筑紫、前掲書、X）、宇治土公氏の祖先神だ。宇治土公氏はそのふるさとの楠部むらの北中村に、〝興玉の森〟という、サルダヒコをまつった神聖な森を営んでいる。そこには建物の施設がまったくなくて、森そのものを祖先の霊魂のすみかとしてまつっているもので、たいへんに古風な祖霊信仰の形式なのである。

大江

興玉のカミは〝大江《おおえ》〟のカミでもあった。六月十五日の贄の海の神事によって五十鈴川の川上の聖地に迎え入れられた沖の魂＝常世のカミは、その晩の戌《いぬ》の刻からまつりをうける。それが〝興玉神態〟という祭典なのである。それにつづいて〝御占神事《みうら》〟がはじまる。御占とは、皇大神宮の重要なまつりにさきだって、アマテラスに占《うらない》をたて、アマテラスの意向をといただす行事なのである。現在でも皇大神宮では主要なまつりには、やはりまずこの興玉のカミまつりを行ない、つづいて御占をしている。そうしなければ次の本格的なアマテラスのまつりには、入ることができないのである。

『皇大神宮年中行事』によれば、御占のときには、琴を笏《しゃく》で三度掻いて警蹕《けいひつ》のかけごえをかけ、次にカミの来臨を求める呪文の歌をとなえる。その歌は次の通りだ。

あはりや、弓筈《ゆはず》と申さぬ朝座《あさくら》に、天つ神国つ神降りましませ。
あはりや、弓筈と申さぬ朝座に、鳴《な》る雷《いかずち》も降りましませ。
あはりや、弓筈と申さぬ朝座に、上つ大江《おおえ》下つ大江も参りたまへ。

この歌の意味を考えてみよう。

まず重視しておかねばならぬことは、この御占はどこまでもアマテラスの意向をたしかめる占いなのだ、という事実だ。現在でもこの御占の席には祭主《さいしゅ》をはじめ伊勢神宮のおもな神官たち（大宮司《だいぐうじ》・少宮司《しょうぐうじ》・禰宜《ねぎ》・権禰宜《ごんねぎ》・宮掌《くじょう》ら全員）五十名余が列座して、皇大神宮の社前で、つつしんでじぶんたちがカミの意に叶うか否かをたしかめているのである。そしてアマテラスが不可という意向を示した神官は、ただちにその席を立って、それ以後カミまつりには参加しないのである。これはいまでも厳粛に、古風を残して、まつりのたびごとに行なわれている神事なのだ。

そのようなアマテラスの御占の場所に、招ぎ下ろされるカミたちの名が、天つカミ・国つカミ・雷・上つ大江・下つ大江であることに注意しなければならない。

天つカミと国つカミとは実はもともと同一の神格であった。天つカミが人びとのまつりをうけるべく地上に降り立った状態が、国つカミなのである。雷は、太陽・月・風・雲と同じく、天つカミの神格・機能の一部分なのだ。こういう天つカミのなかから太陽神という一面を抽出して強調し、それを人格化し、さらに皇室の祖先神に昇華したときに、アマテラスは誕生したのであった（筑紫、前掲書、Ⅳ）。

天つカミや雷ばかりでなく、地上にいるはずの国つカミにまで「降りましませ」と願うことが可能であったわけは、実はそれが天つカミと同一のカミで、もともと天界に住むカミであればこそ、なのであった。

宇治土公氏は〝常世のカミ〟（海のカミ）を〝天つカミ〟に転化して、川上の聖地でまった。そういう天つカミが、天界に住んでいる状態をアマテラスとみなして、これを天皇家に捧げたのであった。そしてその天つカミが、地上に降臨した状態を〝国つカミ〟とみなして猿田彦と名づけ、そのカミをじぶんたちの氏の祖先神にしたのである。

注『令義解』神祇令、天神地祇の条を吟味してみると、天つカミと国つカミとは、もともと同一の神格であったことは了解できるのである。

そういうわけで、この呪文の歌のなかの天つカミ・国つカミと雷とは、要するに天つカミであり、それはプレ・アマテラスにほかならないことがわかる。

それでは上つ大江・下つ大江のカミとは何か。——これは実は、この六月十五日の贄の海の神事に、二見の海岸から誘導して来た興玉のカミにほかならない。つまり、天つカミに転化する以前の、常世のカミの、別な呼び名であったのだ。われわれはその事実を理解するために、もういちど、五十鈴川の河口の二見の浦に思いを馳せねばならない。

Ⅲ　海から天へ

神話の世界ではアマテラスは海で誕生し、天に住んでいる。五十鈴川すじの皇大神宮の神事もそうだった。

二見の浦

伊勢神宮に参詣する参宮道者《さんぐうどうじゃ》は、むかしからいまにいたるまで、どういうわけなのか二見の浦の夫婦岩《みょうといわ》に訪れてくる。日本全国の、海岸ならばどこにでもみかけることのできる、なんの変哲もない風景の二見海岸が、なぜ参宮客にとっては必ず訪問すべき聖地となっていたのか。そのわけを説明したならば、大江のカミの意味がわかってくるのだ。

二見の浦一帯の五十鈴川口は清渚《きよなぎさ》と呼ばれて、常世《とこよ》のカミ＝興玉《おきたま》の寄りくる聖地であった。清渚とは、海岸が風光美に恵まれているからそう呼ばれたのではない。村国《むらぐに》ごとの、常世のカミ迎えの聖地は、たいてい大河の河口に当っていた。そこでそういう河口の海岸は、五十鈴川すじの場合でも、またその他の川すじの村国でも、清渚とよばれて尊ばれていたのだ。

たとえば、皇大神宮の禰宜の荒木田氏のふるさとは外城田《ときだ》川すじの水田地帯だが、その河口の海岸は、やはり清渚とよばれ、みそぎの場所になっている。海岸美に特別には恵まれてもいない二見の浦も、五十鈴川すじ部落国家の人たちにとっては、大事なカミまつりの聖域であったのだ。

潜島

五十鈴川口の右岸の突端の神崎《こうざき》は、潜島《くくりじま》とも呼ばれている。それは多くの古書・古地図にも記されている地名だ。島とはいっても、むかしは陸地も島と呼ばれるのが普通だったから、これも岬の名であるに過ぎない。

潜島では宇治土公《うじのつちぎみ》氏の人たちが水に潜ってカミの誕生を迎えた。つまりカミの御薗《みあれ》（生《あれ》）に奉仕し、そのカミの魂をわが身につけたのである。そうすることによって、カミの司祭者であり、同時に部落国家の君《きみ》（君主＝村君《むらぎみ》＝土公《つちぎみ》（とこ））である資格を整備したのである。

男性の村君である宇治土公氏（後の皇大神宮の大内人）もこの神崎の海面に潜っていたことは、先きに贄《にえ》の海の神事の説明のなかで述べておいたが、宇治土公氏の女性たち、すなわち猿女《さるめ》ら（アメノウズメの子孫という）も、ここに湯河板挙《ゆかわだな》を特設して、その小屋に住み、カミの訪れを待っていたのである。そして常世のカミの御薗《みあれ》（荒《あれ》）に奉仕していたらしいのである。つまり猿女らは、古典にみえるククリヒメだったのである。

神崎、つまり潜島には現在でも皇大神宮の摂社の神前《こうざき》神社があり、荒前比売《あらさきひめ》をまつっている（五十鈴川の上流の楠部《くすべ》は宇治土公のふるさとだが、そこにも皇大神宮の末社の荒前《あらさき》神社があり、荒前比売をまつっている）。宇治土公の女性たちは巫女《みこ》として、訪れてくる海神に仕え、その御生《みあ》れに奉仕した。そのためには海中に身を潜らせて、海のかなたからやってきたカミを海中からすくいあげ、湯河板挙《ゆかわだな》のなかでそのカミの一夜妻《ひとよづま》となったのだ。

彼女たちは棚機《たなばた》つ女《め》であった。彼女たちは湯河板挙のなかにいて、ふだんはカミの衣類(神御衣《かんみそ》。皇大神宮ではいまでも神御衣祭をたいせつな年中行事として行なっている)を機織《はたお》って、訪れてくるカミのために用意していた。そして六月十五日のような、カミの訪れの日に、カミに着せていたのである。

五十鈴川口の村落は江《え》と呼ばれている。そこには皇大神宮の摂社の江神社があり、そのカミの名は長口女《ながくめ》という。この長口女は天須波留女《あめのすばるめ》というカミの娘である、とされている。これら皇大神宮の摂・末社の神社とそのカミの名は、みな九世紀はじめの『皇大神宮儀式帳』に掲出されていて、古い信仰事実なのである。

ところで『枕草子』には、「星はすばる。牽牛《ひこぼし》」とたたえられている。そのように、わが国ではふるくからシナ伝来の星の信仰が行なわれていた。そしてそれは日本固有の棚機つ女の存在と結びつけて理解されていた。つまりカミとカミ妻とが一年にいちどの逢う瀬をたのしむ夜を、牽牛星と織女星とが一年にいちどゆきあうという天空のロマンチックな外来のものがたりに結びつけたのである。このようにして、いまも民間の年中行事となっている七夕《たなばた》の信仰が生まれていた。

ことにわが古典では、すばる星とは、棚機つ女がその首にかけている首飾りの玉なのだと考えられていた。「天なるや、おとたなばたのうながせる、玉のみすまる」という歌が『古事記』にある。つまり、すばる星とは、織女星のことだったのだ。そういうことになると五十鈴川口の長口女とは、棚機つ女であることに相違はなかったのである。

このように史料を重ねあわせて考えてみると、五十鈴川口の江むら、つまり神崎・二見の浦・夫婦岩の海岸というものは、カミまつりの女性によって常世のカミを迎え、これをまつる聖地であったことが判然とわかる。

江神社のカミは姿なきカミで、「形《みかた》、水《みず》に坐《ま》します」とかかれている。つまり神体は五十鈴川の河口の川(海)の水だ、というのだ。ずいぶん変な話だが、これも、棚機つ女によってまつられる常世のカミが、河海のなかで御蔭《みあれ》(生《あれ》)する習性をもっていたから、そういうことになったのであろう。

注 伊勢神宮のスポークスマン桜井勝之進氏(神宮司庁庶務課長、当時)によれば、伊勢では土用の丑《うし》の日に五十鈴川の水をくんできて、家の神だなに供えておき、来年の丑の日に再び元の流れにもどすという風習があり、今もなお行なわれている。それも五十鈴川ならどこでもいいというわけではなくて〝滝祭りさん〟の下にかぎられている。滝祭りさんとは五十鈴川の手洗い場のそばにあるお社。玉がきの中にコケむした石が祭ってある。土用の丑の日にはサイダーびんなどを持って参拝する人で早朝からにぎわう。神棚の水が一年中にごらぬと病気にかからないといわれているらしいが、もともとはやはり〝五十鈴川のみそぎ〟から生まれた信仰であろう。外宮の〝下の御井さん〟の水についても昔は同じ信仰があった、といわれる。

夫婦岩

さて、神崎は明治維新の時まではプレ・プレ・皇大神宮たる常世のカミを迎える聖地となっていたのであるが、その反対がわの河口の岬（夫婦岩《みょうといわ》）は、江《え》の村びとや参宮道者のための、常世のカミ迎えの聖域となっていたのであった。いわば神崎は公的な、夫婦岩のほとりは私的な祭場だったのだ。

江村には、このような常世のカミまつりを仏教化して、いつのころからか大江寺《たいこう》が建てられた。大江寺の本尊の千手観音は鎌倉時代の作で重要文化財。鎌倉時代のはじめ奈良の東大寺の重源が、六十余人の僧を率いてここに宿泊したのをはじめとして、室町期の坂十仏《さかじゅうぶつ》など、伊勢参宮の名士たちはたびたびここに訪れた。この大江寺は猿田彦にゆかりのある寺といい、その鎮守の祠は猿田彦をまつっている。そしてこの興玉社とよばれる祠のカミを明治時代に分祀して、海辺の夫婦岩のほとりにまつったのが、現在の二見興玉神社なのだ。

だから夫婦岩のほとりの海面は、もともとは江村の経営する垢離《こり》かき場に過ぎなかった。江戸時代までは参宮道者が、この海岸で海に身をひたして垢離をかいていただけのところで、いまのように神社はなかったのだ。

二見興玉神社の夫婦岩

しかしその垢離かき（みそぎ）の信仰の根はたいへん深く、そして大むかしからのもの（御《み》蔭《あれ》の信仰の伝統）であったわけだ。

夫婦岩（立石《たていし》）の沖には、いまは海面から姿を没していて見ることができないが、海中に神聖な岩礁がある。これが興玉石《おきたまいし》とよばれる、カミの石なのだ。

つまり神崎では飛島＝八島がカミのよりつく島とみなされ、反対がわの夫婦岩の海岸では、いまは海中に姿を没している岩石が、常世のカミのよりつく石、いわば御座岩《ございわ》と意識されていたのである。だから夫婦岩は、いわば興玉石の鳥居のような気持ちでみられていた。そこでいまでもこれにしめなわをかけ渡しているのである。

ところで大江《おおえ》のカミとは、このような、仏教化されたときに大江《たいこう》寺と呼ばれるようになった江《え》のカミなのである。それは要するに常世のカミ＝興玉にほかならない。

その大江のカミが、上つ大江・下つ大江とならべて呼ばれたのは、六月十五日の贄の海の神事の際に、カミを待ちうける仮屋を海岸の東西二カ所につくって、そこでそれぞれ儀式を行なっていたためであったと信ぜられる。古典でもイザナギはアマテラスらのカミガミを誕生させるのに、海岸で「上つ瀬は瀬速《せはや》し。下つ瀬は瀬弱し」といって、海中に潜ってみそぎをする場所をさがし求めている。祭儀におけるこのような習俗が、上つ大江・下つ大江という対称的なカミの名を生みだしたのであろう。けれどもそれらは要するに、江＝大江のカミにほかならない。

このように大江のカミは江＝海岸に向かって地平線のかなたから海上を水平に訪れてきて、さらに河を水平にさかのぼってくるカミであった。だからこそ、そういう海のカミ＝常世のカミ＝興玉は、それにふさわしくカミ降《お》ろしの呪文のなかでは水平的な表現で「参りたまへ」と唱えられたのであった。

滝祭り

さてわれわれは皇大神宮の、六月十五日にひきつづく祭りを吟味してみなければならない。

小鯛は六月十六日の晩まで由貴《ゆき》殿の軒先きに懸けられる（カミの御生れする海からとって

内宮の滝祭神

きた魚を懸けておくという習俗は、志摩半島にはいまでも色濃く残っていて、〝懸《かけ》の魚《うお》〟と呼ばれる正月行事になっている）。その六月十六日の夜はまた、天つカミを五十鈴川の水流のなかで迎えて、誕生して貰う時刻でもあった。

『皇大神宮年中行事』によると、この夜、神官たちは皇大神宮の宮域のなかの、いまの五十鈴川のほとりの手洗い場に集まり、滝祭《たきまつ》りを行なった。これはプレ・皇大神宮に当る〝天つカミ〟のまつりなのだ。

注　滝祭りのカミは姿のない神社で、五十鈴川の水流そのものだった。宇治における〝天つカミ〟は、川のそばの鼓ヶ岳という霊山に天降ってきては、この川水のなかで誕生し、人びとのまつりをうけたのであった（筑紫、前掲書、Ⅳ）。

翌十七日こそ皇大神宮そのもののまつりとなる。この日にはじめて斎王《いつきのみこ》（皇女。天皇がイセの現地に派遣している、アマテラスのカミ妻）や大宮司（中央政府が派遣した司政官）らが、伊勢の現地がわの神官（禰宜《ねぎ》の荒木田氏、大内人《おおうちんど》の宇治土公氏ら）をひきいて、皇祖神（国家神）アマテラスそのものをまつるのである。まつりはかくしてクライマックスに達する。

ところが、この川上の聖地の宇治にアマテラスが常住するようになったのは、文武天皇二年（六九八）に皇大神宮が成立したとき以後の話である。それ以前の川上のカミは、まつりのたびごとに海または天のかなたから訪れてきては、そのつどふたたびもとのすみかへかえっていったのだ。だからプレ・皇大神宮の天つカミには、まつりが終ったならば当然のしきたりとして天にかえっていって貰わねばならぬ。そこで天つカミを送りかえす儀式が、ひとつづきの長いまつりのしめくくりとして、最後に行なわれなければならなかった。そのため六月十九日の深夜に、滝祭りがもういちど行なわれたのである。

夜遅く、初鳥《はつどり》のなく声をきくころ、神官たちはひそやかに五十鈴川ばたの手洗場に集まり、そこで、さきに天つカミの来臨を迎えた六月十六日の晩の神事と同じようなまつりを行なった。この祭儀には神官たちは、女司祭者である物忌《ものいみ》（童女）を重視して、これを礼拝したり、川のなかに入って水流に榊の枝を投じたりなどしている。

このような六月十五日から十九日にかけての長々しい祭典は、実は、プレ・プレ・皇大神宮のまつりにはじまり、プレ・皇大神宮のカミを迎え、そして皇大神宮のアマテラスをまつるという、重層的につみあげられた祭儀の累積なのであった。信仰の世界では、古いしきたりは容易に棄て去るわけにはゆかなかったのである。

この一連の祭儀こそは、五十鈴川上に皇大神宮ができあがるまでの、村国の民衆の長い信仰生活の歴史——こころの生活のものがたりであったのだ。そしてそのように、カミまつりの方式が積みかさねられ移りかわっていった現実が、やがて日本神話のアイディアとなってゆくのであった。日本神話のプロットは、このような村国の信仰の重層的な変遷という史的現実を、転用して構成されたものだった。

高天原

愛知県の奥三河の北設楽地方で冬に行なわれている〝花祭り〟は、古風がよく残されているのでなだかい行事だ。山鬼の舞・榊鬼《さかきおに》の舞がまわれる午前二時ごろ、まつりの最高潮に達したときにうたわれる文句に次のようなものがある。

伊勢の国、高天原《たかまがはら》がここなれば、集まり給え四方《よも》の神々。

こういう思想はたぶん中世以後、伊勢の御師《おんし》（宣教師）たちが全国の村むらを歩いては宣伝していったものなのだろうが、伊勢に高天原があるという観念が地方に定着してゆくのには決して理由がないわけではない。

元来、村国《むらぐに》ごとの固有信仰のなかでは、川上の聖地、つまり天つカミの降臨するもっとも神聖な場所は、それぞれみな高天原と信ぜられるだけの根拠はあった。

日本神話の創作者である猿女のふるさとの五十鈴川上でも、もちろん、その信念の生まれる可能性はあった。そしてまた、宇治土公・猿女と同じ磯部（南伊勢・志摩の漁民の集団）の民であった志摩半島の磯部むらの人びとも、第Ⅷ章で後述するように、その川上の聖地を高天原と信じていた。そしてそこにある洞穴を、天の岩戸と思っていたのである。

磯部むらの〝天の岩戸〟が〝滝祭窟《たきまつりのいわや》〟と称えられているのは、皇大神宮の滝祭りの意識と関連させてみて、大いに吟味してみなければならない重要な問題である。

そのくらいだから五十鈴川上にも、もちろん高天原はあった。――皇大神宮の社前を流れる五十鈴川を、少しさかのぼっていった山峡の一帯は、神路山の内ぶところ深くに介在して、ふるくから高天原と信ぜられていた。そういう伝承は伊勢にはあったのである。そこには川ぶちに鏡石《かがみいし》（カミのよりつく石の意）とよばれる神聖な岩があり、その付近一帯は神話のなかの〝天《あめ》の安《やす》の河原《かわら》〟だとも思われていた。

その鏡石の下手には熊淵社があって多《た》伎大刀《きのおおと》自《じの》神をまつり、上手には新川社《にいかわ》があって新《にい》川比《かわひ》売命《めの》をまつっていた。この神社らは皇大神宮の末社（九世紀のはじめの『儀式帳』にみえる）で、祭神はともに、棚機《たなばた》つ女《め》を意味するカミなのだ。つまりここは皇大神宮の滝祭りのカミと同じように、カミの〝みあれ〟する川上の聖地だったとみなされる。新川《にいかわ》はもとはおそらく「あらかわ」と読まれ、カミのみあれ（荒＝蔭＝生）する川を意味していたのであろう。

皇大神宮の前身

このようなわけで、二見海岸とその川上の宇治とを結ぶ五十鈴川の流れは、凝視して、その信仰変遷を点検してみるねうちは十分にある。

皇大神宮のカミが、もともと常世のカミの名残りをとどめたものであり、且つまた空から定期的に天降ってくる天つカミであった過去をもっていた事実の史料は、『日本書紀』垂仁天皇二十五年の条に明文がある。すなわち伊勢国は「常世の浪の重浪帰《よ》する国」といい、且つ「則ち天照大神の始めて天より降ります処なり」という句である。この前者の史料が現在も神域に痕跡を留めているものとしては、皇大神宮の地主神としての「興玉神」があるのである。皇大神宮の殿舎の敷地の一隅に、千数百年にわたって確乎たる地歩を占めつづけてきた興玉神は、〝沖の霊魂〟すなわち常世カミと理解せざるをえない。現在、五十鈴川口の江村、つまり二見の浦に祭られている二見興玉神社＝興玉石とその名称が一致していることは、まったくの偶然とはみなし難いのである。『伊勢参宮名所図会』は興玉石を「立石より八町斗《ばかり》沖にあり。しほひには見え、汐満ちぬれば見えず。是を神として拝す。沖の霊の意也」と説明している。

常世カミが天つカミに転化してゆくプロセスにおいて、常世のカミが川を伝わりさかのぼって最上流地にまで訪れてきたという段階のあることは、今日各地に残る民間伝承の中に幾多の徴証がある。熊本県の著名な〝鼻たれ小僧様〟の昔話は、山中の小川の橋にいながら、海のかなたの竜神の訪れを明確に意識しているのであるし、三重県の松阪近傍の丹生では、海岸を遠くはなれているのに川のなかで塩水が湧出するという信仰がいまに信ぜられている（壬生部と貴人の〝みあれ〟の関係、及び〝みあれ〟に用いる〝ゆかわみず〟の話は折口博士にくわしい論説がある）。いずれにしても、そのむかし、常世のカミが内陸の奥地深く訪れていた段階があったことが考えられる。奈良県のような山国の山奥にすら海神社が祭られているのは、そのような段階の反映なのであろうと思われる。

そのような常世のカミの訪れの思想をバックに持っていればこそ、内宮の禰宜らは毎年定期に、その水流が海と結合する地点、すなわち五十鈴川の河口まで浜下《はまお》りして、二見海岸で垢離をとるのを恒例としてきていたのである（全国の古社の祭りに、浜下りの神事があることを思うべきである）。二見の浦に参宮道者が訪れて垢離をかく、いわゆる浜参宮《はまさんぐう》の慣習は、その淵源をたどれば、もともと神宮が常世カミの信仰に根ざしているところから発生したものに外ならない。そうでなければ、宮川という参宮途次の垢離場がありながら、その上にまた内宮入口の五十鈴川でも垢離をとりながら、——あるいはまた淡水での垢離かきでは満足できないから、強いて海水で、というのであれば内・外宮の至近の距離がいくらでも広々とした海浜に恵まれているのにもかかわらず、ことさらに神宮と距離的に遠くへだたる五十鈴川河口の二見の浦の地が、参宮に関連した垢離かき場として選定され、固定化した理由は説明のしようがないのである。

Ⅳ

海の信仰と神話

日本神話の創作者である伊勢の海民のふるさとの現地、つまり五十鈴川の河口の〝池の浦〟には、『古事記』『日本書紀』に書きとめられた神話とピッタリ符合する信仰伝承がたいへんおびただしく残留している。

そこは日本神話の原型の海であった。

塩こおろこおろ

皇大神宮のカミのそもそものはじまりは常世のカミだ、といわれたのは折口信夫博士であった（『古代研究』）。これはまことに重大な指摘であった。しかし博士は具体的な事実については多くを語られてはいない。そこでわれわれはその具体的な姿を、伊勢の現地においてできるかぎり刻明にたどってゆかなければならない。

イザナギとイザナミとが「是《こ》のただよへる国を修《おさ》め理《つく》り固《かた》め成《な》」そうとして、天《あめ》の沼矛《ぬぼこ》をもって原始の混沌たる状態を、「塩許々袁々呂々邇《しおこおろこおろに》画《か》き鳴《な》して引き上げたまふ時、其の矛《ほこ》の末《さき》より垂《しただ》り落つる塩、累《かさ》なり積《つ》もりて島と成りき。是れ淤能碁呂島《おのごろじま》なり」と、古事記は説いている。

ところでさきにも触れておいた海部《あまべ》の歌謡、すなわち雄略天皇に仕えた三重県出身の三重の采女《うねめ》が、天皇に殺されそうになったときに歌って捧げたという天語歌《あまがたりうた》は、南伊勢・志摩の部族が天皇に服従を誓約する寿歌《ほぎうた》だった。

大和朝廷にうちしたがえられた伊勢・志摩の漁民集団（海部《あまべ》）は磯部《いそべ》（伊勢部《いせべ》）と呼ばれた。磯部たちはその首長の度会《わたらい》氏に統率されていた。度会氏も宇治土公氏も、それから磯部むらの磯部たちも、みな同様に、天皇に服属する磯部であったのだ。そして度会氏は、そういう南伊勢・志摩の磯部たちの、現地における統率者でもあった。

度会氏は同族のものを都にさしだして大和の宮廷に仕えさせていた。彼らは都に住みついて宮廷専属の語部《かたりべ》となり、天語部《あまかたりべ》（天語連《あまかたりのむらじ》）と呼ばれた。この人たちが宮廷で、伊勢の海部を代表して天皇に捧げていた寿歌（物語り風の歌謡）が天語歌だった。伊勢の海部は彼らが採取した魚貝を天皇の召上りもの（御贄《みにえ》）として貢上するとき、天語歌などの寿歌をそれに添えて歌うならわしであったらしい（土橋寛《つちはしゆたか》『宮廷寿詞とその社会的背景』、上田正昭『日本武尊』）。

この天語歌のなかに「水《みな》こおろこおろに」という句がある。そこで、どうもこの「こおろこおろ」という詩句は、南伊勢・志摩の漁民たち、ことばをかえていえば伊勢神宮祭祀集団の民衆たちの持ち伝えていた特有の表現のことばであった、と、国文学者はみているのである。要するに天地が開かれ国土が生成することをのべた古事記の冒頭のものがたりは、どうも南伊勢・志摩の漁民の原始信仰の反映らしいのである。

そしてこのオノコロ島とは、志摩半島の中央の磯部むらの入口、的矢湾の湾口部にある渡鹿野《わたかの》島のことなのだ、と、伊雑宮《いぞう》（磯部むらにある、皇大神宮の別宮）の神官らは説いている。そういう伝承が、江戸期の『自凋嶋《おのころじま》五社太神記録』に記されている。

さてそのあとに神話のなかで語られる国生みの話は、次のようにつづく。

然れども、くみどに興《おこ》して生める子は、水蛭子《ひるこ》。此の子は葦船《あしぶね》に入れて流し去《う》てき。

次に淡島《あわしま》を生みき。是も亦、子の例《たぐい》には入れざりき。

そしてこのあと、淡路島・四国・隠岐の島・九州・壱岐の島・対馬・佐渡島・本州を生む。「故《かれ》、此の八島《やしま》を先《さき》に生めるに因《よ》りて、大八島国《おおやしまぐに》と謂ふ」のである。かくして後、イザナギ・イザナミはさらにいくつかの小島とカミガミとを生むのだ。

このようにしてみれば、大八島の原義は、もともと、たんに八島であったことが明白となる。

淡島

この国生みの神話の現実を、いちおう五十鈴川の河口の地域に限定して、まず点検してみよう（もちろんのことこの場所だけで説き尽くせるものではないし、たとえば上田正昭氏の『神話の世界』など、すぐれた見解を参看しなければならないが）。

常世のカミとは日本神話のなかの淡《あわ》（粟《あわ》）島《しま》のカミであり、ヒルコであった。淡島《あわしま》さまと呼ばれて全国の各地でまつられているカミは、ふつう少彦名命《すくなひこなの》であると思われている。この少彦名は淡島から粟の茎に弾かれて常世の国に飛ばされていった、と日本書紀は述べている。そしてまたこの少彦名こそヒルコなのだと信ぜられている。つまり淡島とは、常世のカミの寄り来る神聖な島の意味であり、ヒルコとは淡島にやってきては去ってゆく常世のカミにほかならなかったのだ。

注　ヒルコとは男性の太陽神のこと。太陽神を女性化したヒルメ（日《ひ》の妻《め》）に対することばであり、ヒルコ・ヒルメはもとは一つのものであったのを、話の都合上、男・女性神に分けて表現したにすぎぬという説がある。アマテラスはアマテルヒルメから昇華していって皇室の祖先神になった。

現在でも志摩半島では、お盆の前後に、海のかなたから訪れてくる祖先の霊魂を迎え送りするために、それぞれの村の海辺の神聖な石（立石《たていし》・立神《たてがみ》・仏岩《ほとけいわ》などとよぶ）のほとりから、笹や藁などでつくった祖霊の乗り舟を沖に向かって流している。この現実は、神話のなかのヒルコを棄てたという記事と深いつながりを持っていると信ぜられる。それを裏付ける民間伝承を一つここにとりあげて述べておこう。

志摩の大王崎には、海のかなたからやってきたというイヤのカミが波切神社にまつられていて、毎年旧暦八月の猿の日に〝わらじ祭り〟という奇祭を行なっている。これは〝沖の一つ目〟と呼ばれる巨人ダイダラ坊を、大王崎の沖の大王島という神聖な岩礁から遠いかなたに追いはらう行事なのだという。

沖の一つ目の足の裏は畳一枚ほどもあったので、村びとは同じ大きさの大わらじをつく

わらじ祭

り、この日、海岸に持ち出して沖にこれを流すのだ。そこでダイダラ坊はこれをみて「陸にもこんな大わらじをはく人間がいるのか」とびっくりして逃げてしまうのだという。けれども本当はこのわらじは、海のカミが現にその上にのっている、カミの乗りものであった。そういう気持ちでわらじが神聖視されていることが、まつりの模様をみているとわかるのだ。

わらじがつくられると、それは宿の床の間にたてかけて、灯明をあげて礼拝される。海岸の波打ち際にはこばれると七人婆さん(村のカミまつりに従う女性たち)が手をうちならしながら神歌《かみうた》をうたう(七人婆さんはオオヒルメ・ワカヒルメの伝統をひいているとみなされよう)。このようにしていかにも鄭重に、この大わらじは海に送り出されるのだ。ダイダラ坊は要するに常世のカミであった。沖に流されたわらじは、ふたたび海岸に漂い寄ることは

わらじ祭

無いと村びとは信じている。

さて、ところで、この神話のなかの淡島（粟島）も、実は、五十鈴川の河口の海岸に実在する、カミの島であった。

贄《にえ》の海の神事の行なわれる神崎の東がわの海面は『倭姫命世記《やまとひめのみことせいき》』によれば淡海浦《あわみのうら》とよばれており、また神崎の浜辺の南の入り江は伊気浦《いけのうら》（池の浦）と記されている。池の浦は飛島（八島＝淡良岐嶋《あわらぎしま》）の列島によって湾口をふさがれたささやかなリヤス式の入り江であるが、この入り江のまんなかに小さな岩礁がある。それはいまは〝中の島《なかしま》〟とよばれているが、むかしは〝淡《あわ》（粟）皇子《みこ（あみこ）》さん〟と呼ぶ神社のあった島だと信ぜられている。というのは、この岩礁のすぐ北がわの海岸の突端に、皇大神宮の摂社の粟皇子《あわみこ（あみこ）》神社があるのであるが、この神社はもと、この〝中の島〟にまつられていたのに、島が波浪に洗われてだんだんと小さくなったので現在の場所に遷したのだ、と村びとに伝承されているのである。そしてじっさい『倭姫命世記』は、伊気の浦のカミを淡海子《あわみこ》の神と呼んでいる。つまり中の島こそ淡島であったわけだ。そしてそれは日本神話のなかで、イザナギ・イザナミが生み落した淡島の、（ある意味では）原型となった島なのだ。

この池の浦の奥の堅神《かたかみ》村の人びとは、お盆には初盆の死者の霊魂を海に送り出すために、夜になってから海岸に出て、死者の魂のこもっているちょうちんを海中に投げる。あかあかとかがやくちょうちんが海に消えてゆく光景は、たいへん印象的な美しい景観であるが、そういう場面をながめていると、ヒルコを葦船《あしぶね》に入れて流し棄てたという古事記の記事が、つくづくと思いあたる気がするのである（元来、日本ではカミガミの経めぐりのコースは、そのまま祖霊の巡回するコースであった。祖霊は海のかなたの常世の国や、天つカミの降臨する神体山に永住していると信ぜられた）。

堅神《かたかみ》の村びとは贄の海の神事のとき、神崎に仮屋《かりや》をつくるのが役目だった。江戸初期の地図をみると神崎には仮屋明神の名がみえる。そして堅神の村びとには、明治維新のころまで仮屋をつくっていたという記憶が、いまでもあざやかに残っている。

飛島

イザナギとイザナミとは、ヒルコ、つまり淡島を生み、次に八島を生む。その八島が五十鈴川口の神崎の沖合、池の浦の前海にならぶ飛島《とびしま》の列島だと思われていたことは、さきにのべたとおりである。

飛島は淡海浦に浮かんで淡良岐《あわらぎ》嶋《しま》とよばれた。そして淡海子《あわみこ》のカミのいた、入り江のなかの〝中の島〟とともに、神聖視されていたのだ。そして神崎には神前《こうざき》神社とともに、皇大神宮の末社の許母利《こもり》神社があり、そこには粟島《あわしま》の神《かみ》をまつっているのである。このようなわけで淡海・淡良岐（伎）・淡海（淡皇）子・粟島はみな同義（淡＝粟＝常世のカミ）のことばとみなければならぬ。

いまでも、飛島には大蛇がいて、一年にいちど神崎に渡ってくると信ぜられている。そしてその蛇をみてはならない、と、村びとはタブー視している。もちろんこの場合、蛇は常世のカミそのものとして恐れ敬《うやま》われていたのだ。

このような状態を思いあわせてみると、次のような古代の信仰の事実が復元できるであろう。——海のかなたの常世のカミは、一年にいちどのならわしとして、海岸のほとりの淡海子の島（淡島）や八島（飛島）などの、岩礁や小島に訪れてきては寄りついていた。そして海岸にわたってきては、カミまつりの巫女《みこ》（荒前姫《あらさきひめ》＝たなばたつめ。ここのばあいは実際には、宇治土公氏の女性で、日本神話の構成者となった猿女《さるめ》）と一夜の結婚をしていた。

——そういう信仰的な過去はあったのである。

常世のカミ（海神）がまつられる状態の典型的な事例は、北九州の海女《あま》の根拠地の宗像《むなかた》神社においてみられる。そこには沖ノ島（沖津宮《おきつみや》）・大島（中津宮《なかつみや》）と海岸の辺津宮《へつみや》がある。沖ノ島は朝鮮海峡のただなかにあり、カミの遠い住み家と考えられているが、大島は、海岸の辺津宮（宗像神社の本社）に間近い沖合にある。宗像の海神は沖ノ島から、この中継ぎの島にあたる大島を経由しては、海岸の辺津宮に到着し、毎年定期的なまつりを受けたのである。そしてまつりが終ればふたたび海上遠くの沖ノ島にかえっていったのである。沖ノ島こそ、この海神のふだん住んでいる常世の国と観念されていたのであろう。

神島

ところでいままでしばしば述べたように、九世紀はじめの『皇大神宮儀式帳』などには、五十鈴川口一帯のこれらの神社やその祭神の名やまつり（贄の海の神事）の様子が明記されているのであるから、私どもはこれらの史料を使い、宗像神社の例にならって次のような事実を復元して想定してみることができると思う。プレ・プレ・皇大神宮である常世のカミ＝淡（粟）島のカミは、遠い沖合から淡海子（中の島）や八島（飛島）などの、いわば中津宮に当る島にやってきては、時を定めて辺津宮に当る神崎の海岸に渡ってきて、一年にいちどの定期的なまつりを受けるカミであった。――そう考えてみてよいと思う。

そしてその場合、プレ・プレ・皇大神宮の沖津宮は、おそらく伊勢湾口に浮かぶ孤島の神島《かみしま》であったのだろう、と私は想像している。そこには祭器と思われる古鏡（古墳期以降のもの、多数）などが伝世されている。

持統天皇の伊勢行幸

ここで思い出されるのは持統天皇の伊勢行幸の話である。持統女帝は六九二年に、史上最初の伊勢・志摩旅行を試みた。それなのに彼女は皇大神宮に参詣したという記録が古典のなかにみられないのである。旅行の目的がなんであったのかも杳《よう》としてわからない。まことにそれは謎に包まれた旅であった。――しかし実は、いまではもうこの旅行の意味や目的地は、了解することができるのである。

女帝の旅行の目的地こそ、このプレ・プレ・皇大神宮のまつりの聖地である五十鈴川の河口一帯の海域であったのだ。そこは日本神話の創作者である猿女君《さるめのきみ》（『古事記』を誦習した稗田阿礼《ひえだのあれ》はその一族）の、こころのふるさとであったのだ。女帝はたぶん猿女たちに勧められて、そのころようやく形を整えていた天皇家の祖先神アマテラスヒルメ（その神格は常世のカミから発祥している。そしてこの後間もなくアマテラスオオカミに昇華する）の霊気にふれるためにこの海岸にやってきたのであった（もちろん当時の政治的背景も考慮されねばならぬが、行幸の宗教的意義を追求すればそういうことになる）。

持統がわざわざ五十鈴の河口に訪問した常世のカミ＝太陽神は、現代でも二見の浦でいきいきとまつられている。その実態は、毎年正月元旦におびただしい参拝者が全国から集まってきては、夫婦岩のあいだからさしのぼる初日の出を礼拝していることを思いだすだけで赫然としている。

持統の行幸の場所が神崎付近のこの海域であったことは、国語学者の北岡四良氏（皇学館大学教務課長、当時）がくわしく論証された（「阿胡行宮とあみの浦」三重史学、五号）。柿本人麻呂は女帝の伊勢行幸の模様を、じぶんは都に残っていながら遥かに想像し、次の歌をうたった。

嗚呼見《あああみ》の浦に船乗りすらむ少女《おとめ》らが、珠裳《たまも》の裾に潮満つらむか。

北岡氏によれば、このアミの浦は淡海《あみ》の浦なのである。このアミは安胡《あご》と記されている場合もある。ところが淡海の浦はいまでもアゴ瀬《せ》と呼ばれ、古い地図や記録にもその地名が記されている。だから結局、柿本人麻呂がみやこにいて遥かに偲んだ天皇行幸の目的地は、アミ・アゴのどちらにしても、間違いなくこの神崎・池の浦の海岸であったのだというわけである。

池の浦には当時の古墳や漁業集落のあとがあり、遺物も、豊富である。

北岡氏はさらに次のように説かれる。

『倭姫命世記』に載せる淡海浦《あわみのうら》は、伊勢神宮の祭祀と重要な関係をもつばかりでなく、原始信仰から考えて、神宮が五十鈴の川上に鎮座になつたこと、即ち神宮の成立とも関連してくるのではないかと思う。古代祭祀の場として淡海浦を考えるとき、持統帝の行幸は必ずこの地に臨まれたと考えることができる。而して人麿の詠ずるアミノ浦は、淡海浦にほかならないと思う。

持統女帝が伊勢に旅した持統天皇六年（六九二）には、まだ今日みる如き伊勢神宮はできていなかった。皇大神宮が今日みられるような形にできあがったのは文武天皇二年（六九八）のことなのだが、持統はそれにさきだって伊勢の海部《あまべ》の信仰の聖地にみずから出向いて海神の霊気にふれ、アマテラスを体得したのであった。女帝のそのような信仰体験をもとにして、皇祖神アマテラスは誕生した。そして皇祖廟たる皇大神宮は、五十鈴の川上に設立されたのである。

海に生まれたアマテラス

五十鈴の河口の海面こそ、イザナギとイザナミとが結婚して、ヒルコや淡島や八島を次々に生み落した神話の海であった。九世紀はじめの儀式帳や、太古からうたいつがれてきた神歌を追求してゆくと、どうしてもそう考えざるをえない。さてそういうことになると、日本神話のなかで八島の次に誕生してくるアマテラスも、やっぱりどうしても、同じこの海面以外では生まれるわけにはゆかないのである。

拡大された大いなる〝神話ニッポン〟のなかでは、日本の主権者アマテラスは九州の海岸で、やはり海のなかから生まれることになっている。けれどもそういう日本神話の原型となった、村国《むらぐに》（宇治土公氏の支配する五十鈴川すじ部落国家）のなかで誕生する、アマテラス以前の太陽神（それはしばしばアマテルと呼ばれた）は、最初はまず（五十鈴の）河口で誕生し、次の段階では（五十鈴の）川上に降臨しなければならなかったのである。

事実、江戸時代のはじめにつくられたとみられる『伊勢二社三宮図』は五十鈴の河口の海面（神崎や夫婦岩の沖合）が太陽神の最初の誕生地（日輪最初降臨之地）であることを標記している。

アマテラスの前身のアマテル（天照）は全国的に分布してまつられているが、松前健氏の研究によれば、それは各地の海部《あまべ》らの共通の守護神であった。皇大神宮のアマテラスも、もとはそういうアマテルであった、という事実を氏は指摘している。というのは、プレ・皇大神宮の天つカミが五十鈴川上の聖地に天降ってくる霊山は神路山《かみじやま》と総称されているが、この神路山は一名、天照山《あまてるやま》と呼ばれていた（『三国地志』）。これがその証拠なのである。

さて、いままで述べたところを要約をしておこう。

皇大神宮の贄《にえ》の海の神事とは、いわば、海辺に誕生したアマテラスを、川上の聖地に誘引してゆくまつりであった。それはアマテラスの〝海から天へ〟の移住なのであった。このようにして川上の聖地は、いわば高天《たかあま》（海《あま》）原《がはら》と考えられ、アマテラスの住み家となったのだ。川上に誘導されたカミはやがて、次の段階では、天空に常住するものと思考されるようになる。地上の高天原や〝天の岩戸〟は天界に押しあげられ、アマテラスは空に常住するものと意識されたのであった。

〝海から天へ〟の信仰変遷はその昔、およそ六世紀半ばごろから、全国的に各地の村国で行なわれた形跡がある。そこでこれから、そういう史実を反映していると信ぜられる史料や民間伝承を全国各地で拾いあげてみよう。

そして日本における古代の固有信仰の変遷史を復元することを試みてみよう。

それはまことにわずらわしい作業ではあるけれども、やはりしておかなければならない。なぜなら、そういう追求の積み重ねこそが、やがては南伊勢の五十鈴川や、後にのべる志摩の神路川の、その川上にある〝高天原〟や〝天の岩戸〟の伝説地を、正当に理解するための基礎づくりになるのだから。――ちょっとみると荒唐無稽という一語をもって笑いとばされてしまいそうな、これらの実在する小地名は、神話の里の村びとたちにとってみれば、昔からの信念なのだ。しかもそれは十分に、いたわりのこころをもって検討してみるだけの価値のある、現地の伝統的な信仰なのだから。

V 日本の古代信仰

古代日本の村むらでは、どこでも共通に、カミ観念の信仰変遷がみられた。それは海神信仰から天神信仰への変化、つまり常世カミから天つカミへの信仰変遷である。しかもそれが日本神話のプロットの原型なのだ。

貴船のカミ

皇大神宮の前身のカミは、五十鈴川の川上でまつられる〝川のカミ〟〝天気まつり（雨乞い）のカミ〟であった。川上のカミは元来みな、どこでもそういう性格をもっていた。たとえば京都府の貴船《きぶね》神社もそういうカミだった。

貴船山と鞍馬《くらま》山の谷間から流れはじめる貴船川は、川水を集めて賀茂川となって京都市を貫流し、その流れはさらに淀川にあわされてはるばると大阪湾にそそぐ。

この貴船のカミは、大阪湾の岸辺の難波《なにわ》からはるばると川をさかのぼって、川上の行きづまりの、人の住まない聖地にまつられて、貴船のカミになったという伝説がある。同時にまたこのカミは川上の神聖な山へ、天から降ってきて、川のほとりにまつられるようになったのだ、という伝説もある。貴船神社の背後の山には、カミが降ってきたところで神聖だから人ははいってはならないという禁足地《きんそくち》がいまもあるのだ。

貴船神社は京都に都がさだめられたころから、朝廷によって雨乞いのカミとして手厚くまつられた。せまくるしい川上の谷間の奥に、朱塗りの小さな社殿がつくられていて、いかにも都ぶりを感じさせる美しいふんい気だ。その付近には源九郎義経が天狗から剣術をならったという伝説の場所がある。川をへだてて貴船山と向かいあった反対がわの山は鞍馬山で、そこには鞍馬寺がある。この寺は要するに、貴船の神社信仰を仏教化することによって平安初期に成立した山岳仏教の霊山なのだ。

ところで、この貴船神社の庭には珍しい施設がある。それは〝舟石〟である。それは縦がおよそ五間、幅が約一間、高さ約一間ほどの、船形に積みあげられた石塁なのである。小型の石をたんねんに積みあげてつくったふしぎな築造物だが、このなかには実際に〝木舟〟が格納してあるのだ、という。舟乗りがこの船形の上の小石を持って船にのると、難破しないと信ぜられている。

さてこの船形のなかに納められているという木の舟は、貴船神社のカミがそれに乗ってこの川上の聖地に降臨されたものだという。貴船《きぶね》神社の名は要するに、カミの乗りものである木の舟から起っているのであった。

ところでそういうことになると、次のような疑問が起る。いったいこの木の舟は、難波の浜辺からカミが川上に溯航してくるための乗りものだったのか、それとも天空を飛翔して山をつたわって降りてくるための乗りものであったのか。元来どっちが本当だったのか、という問題である。ことばをかえていえば、カミは海から川上へ来るのが本来のコースなのか。それとも天から川上へ来るのがもともとのコースなのか。この疑問を追求してみよう。

ガンサの谷の遺跡

舟石

貴船神社の木舟を格納した船形は舟《ふな》石《いし》とよばれている。ところでそういうカミの乗る舟は、古代には一般に木舟とか岩船とか鳥船とよばれていた。そして岩船はいまでも川上の聖地には各地に実際に残っている。現に舟石とよばれる岩石があちこちにあるのだ。

そういう実例の一つとして、三重県亀山市安坂山町ガンサの谷の、古代祭祀遺跡の船石についてのべておこう。鈴鹿川の支流に安楽川がある。この川の名はいまでは「あんらく」とよまれているが、中世の文献によればむかしは「あら」とよまれていた（安楽御厨《あらのみくりや》という荘園があった）。志摩の海岸には安楽島《あらしま》という地名があり、それはもと文献には荒島《あらしま》と書かれていて、常世のカミ迎えの聖地であったことが明らかだ。そのくらいだからこの鈴鹿川の支流の安楽川も、元来は、カミの誕生する川である荒《あら》（蘙《あれ》）川だったことはたしかである。

その川上の聖地には、いまは村びとの記憶からは忘れ去っているけれども、むかしはたぶん天気祭り（雨乞い）を行なっていた祭場があったのである。そこは船石とよばれる小《こ》字《あざ》のなかの、ガンサの谷とよばれるせまい谷間で、人里から直距離一里も入った山奥なのだ。

鈴鹿山脈の奥のガンサの谷は、また〝石の谷〟ともよばれている。ガンサは巌座《いわくら》を音よみにしたものらしい。そこには二つの巨大な舟形の岩があり、その前で古墳期と鎌倉期の、祭器と思われる土器が発見された（筑紫申真・生駒勝「鈴鹿山脈の古代遺跡」『鈴鹿』十三号）。

巌座がガンサと音読みされるわけはあるのだ。五十鈴川口の神崎で贄の海の神事のときのカミの座にあてられる岩は、〝御坐《ご ざ》の岩《いわ》〟とよばれた。志摩半島の突端の御座《ご ざ》岬も、『伊勢二社三宮図』によると、海神が訪れてよりつく御座岩のある岬の意味であった。従って巌座はガンザ＝ガンサとよばれる可能性が大きい。南伊勢の五カ所という村では、山腹の巨大な岩は、いまでもしばしば〝いわくら〟と呼びならされている。

ガンサの谷では、遺跡だけをのこして、この信仰は村びとから忘却されてしまった。それはたぶん、雨乞いの目的地が、そのそばの野登山《ののぼり》の野登寺にうつされたためだろう。そこはアマテラスと深い因縁のある伝説に彩られた、なだかい雨乞い寺である。

この安楽川の本流にあたる鈴鹿川では、その川上の聖地は鈴鹿峠（有名な東海道の）で、そこには鏡岩《かがみいわ》という、カミの幽現する霊岩がある。その岩のそばにある鈴鹿神社（片山神社とも鈴鹿権現ともいう）は、伊勢（三重県）・近江（滋賀県）にまたがる名高い雨乞いのカミだ（生駒勝「鈴鹿神社の雨乞い」『鈴鹿』十二号）。峠の上の鏡岩の付近は広大な祭祀遺跡で、峠を越える人びとが長いあいだに繰り返して、川上のカミに贈りものをした（手向《たむ》け）らしく、平安中期から鎌倉期にかけての土器の破片がおびただしくちばっている（亀山高校郷土研究会「鈴鹿峠の古代祭祀遺跡」『三重の文化』十二号）。旅びとの手向《たむ》けをうける峠神とは、実は要するに川上の聖地のカミであったらしいのである。

天降りの舟形

松本信広氏はこのようなカミの乗りものについて『日本の神話』のなかで次のように述べられた。

神が天空を天翔けたり、海のかなたの世界に行くのには船によると思惟されており、しかもそれが磐船と形容されておる場合が多いが、この磐船に対し先学の人びとは磐船といっても実の磐でなくてただ堅固なることを指しているのであろうといい、実際の石であることを否定されておる。しかし実の所各地に岩船の信仰があり、天《あ》降《もり》の神の伝説と一緒になって、大きな舟形の磐石が岩船として信仰せられておる場合がある。古代人は岩石を神聖なものと畏敬しており神の天上に坐る所も磐座《いわくら》と思惟せられていた程である。それ故神が天より下られる船も磐でつくられているとおおらかに信じた方が寧ろ古代人の本来の信念を示すに相応しいのではなかろうかと考えられる。

鈴鹿峠

カミの乗りものとしての鳥船とか岩船というのは、しょせん観念の所産であるけれども、木舟なら多分に現実的だ。ともかくこのようにしてみてくると、カミが地上に訪れるのには舟を使用しなければならないという、ふるい信仰観念があったことがわかる。そしてそのような信念の根源を追求してみるならば、カミはやっぱり〝海から天へ〟とその住まいをかえていっていたものなのだ、ということは承認せざるをえない。なぜなら、舟はもともと海上の乗りものであった。舟はもともと空と地上とを結ぶ乗りものではなかったからである。

カミが空から舟にのって降ってくるというアイディアは、当然、二次的に発生した観念にすぎない。つまりはじめ、海岸の御座石《ございし》が、海のかなたから波をけって訪れてくるカミの乗りものと思われて舟に擬せられ、次いでその観念が川上に移されて、川上の聖地（やま山岳）の御座石（巌座《いわくら》）が磐船・舟石と思惟されるようになったのであった。

そういうことになると、京都の山奥の貴船神社の、この舟石に関する説話は、そのカミがもとは常世のカミであったのに、後に天つカミへとその性格を変えていっていた事実を伝えている、と判断しないわけにはいかないのである。つまり、皇大神宮の場合とおなじように、貴船のカミも〝海から天へ〟とのぼっていったカミだった。川上に溯航してきたカミが、川上の霊山に拠り、それがさらに天空に昇って、天上界に常住するようになった。常世のカミから天つカミに、このようにして転化していったものが、次の段階では、木舟に乗って川上の聖地にまたふたたび天降ってきていたのであった。

倭姫の船旅

皇大神宮のアマテラスは、大和から伊勢の現在の場所に移されたのだ、と『日本書紀』は記している。倭姫《やまとひめ》がアマテラスを奉戴して、カミの常住すべき住み家を求めて転々とした旅行の道順は、『倭姫命世記』にくわしく記されている。それを読んでみて奇怪に感じることは、南伊勢での旅行の道順が船旅であって、かならず川を、河口から川上まで溯航していることである。

ヤマトヒメは、大和の笠縫邑《かさぬいのむら》（大三輪山のほとり）を出発し、伊賀（三重県）・近江（滋賀県）・美濃（岐阜県）・尾張（愛知県）・北伊勢（三重県）を経て南伊勢にいたり、外城田《ときだ》川をさかのぼってその川上の現在の御船《みふね》神社（皇大神宮の摂社）のあるところまでゆき、つづいて宮川をさかのぼって現在の滝原宮（皇大神宮の別宮）に鎮座するのである。そのときマナコのカミ（皇大神宮の摂社の滝原神社のカミ）という現地の太陽神が、アマテラスに国譲りをしているのだ。

しかるにアマテラスはヤマトヒメに向かって、どうも滝原宮は住みごこちが悪いといったので、ヤマトヒメはやむをえずアマテラスを奉戴して宮川をつたわって河口まで下ってきて、伊勢湾を経て五十鈴川の河口にたどりつき、二見の海岸の江《え》から五十鈴川を溯航して、その川上の聖地、現在の宇治に住みついたのであった。

南伊勢の外城田川すじは、後に皇大神宮の禰宜《ねぎ》になった荒木田《あらきだ》氏のふるさと。宮川すじは、伊勢の国造《くにのみやつこ》で、南伊勢・志摩の海部《あまべ》（磯部）の統率者であった、後の豊受神宮（伊勢神宮の外宮）の禰宜の度会《わたらい》氏のふるさと。五十鈴川すじは、後に皇大神宮の大内人《おおうちんど》（第二位の神官）となった宇治土公《うじのつちぎみ》氏が、村国《むらぐに》の君《きみ》（首長・王）として治める地域であった。

これらの川はいずれも伊勢の大神（後にアマテラスオオカミに昇格する）という地方神が、毎年時を定めて誕生する御蔭《みあれ》（荒《あれ》）川であったのだ。外城田川の奥の御船神社などに大神《おおかみ》之《の》御蔭《みかげ》（あれ）川神《かわのかみ》を祀っている（『儀式帳』）のはそのためであった。

このような信仰伝承をたしかな文献史料と対比させてみると、それは『続日本紀《しょくにほんぎ》』に「文武天皇二年（六九八）、多気《たけ》の大神宮（『伊勢国風土記《いせのくにふどき》』によれば滝原神宮）を度会郡に遷した」と記している明文と合致するのである。この文武天皇二年十二月二十九日こそ、アマテラスが滝原から宇治へ移されて、皇大神宮がほぼただいまのかたちで宇治につくりあげられた、そのときなのである（筑紫、前掲書、Ⅱ）。

プレ・アマテラス

南伊勢地方を貫流する宮川の川上、滝原の山峡にあった多気《たけ》の大神宮のカミはアマテラスではない、と考えるひともある。これは「多気のオオカミの宮」と読むべきであって、それは南伊勢地方の豪族の守護神にすぎぬ、という。つまり、これは地方神たる多気の大神をまつっていた、地方豪族のカミにすぎない、というのである。しかしそういう意見は妥当ではない。

なぜなら、『続日本紀』の文武天皇二年ごろの記事を点検してみると、朝廷はそのころには神宮とか大神宮とかいう文字は、皇室の祖先神として確立されたアマテラスの神社以外には使用していないからである。『古事記』や『日本書紀』のなかで、それまで神宮という呼び名を宛《あ》てていた神社（たとえば石上神宮など）でも七世紀の末以後は、朝廷はわざと神宮とは記載しないで、神社とか社（たとえば石上社）と表現している。つまり伊勢の皇大神宮を別格視するために、神宮とか大神宮とかいう文字は、はっきりと意識的にアマテラスの大神宮にかぎって使用しているのだ。その字句の使用の態度は実に厳格なのである。したがって多気大神宮のカミがアマテラスオオカミという皇室の祖先神でなかったならば、『続日本紀』は決してこういう表現はしない。せいぜい多気社としか表現しないはずなのである。

このような大神宮という文字の使用に関する朝廷の厳密な態度については、すでに早く、直木孝次郎氏がその論文（「天照大神と伊勢神宮の起源」）のなかではっきりと指摘している。宮川の川上において純粋に地方神であったのは、多気大神宮ではなくて、明らかにマナコのカミ（皇大神宮の摂社の滝原神社）なのである。これは度会氏がまつっていた宮川の川上のカミであったとみなされる（それについては本書のⅪ章でくわしく述べるから、参照されたい）。

また滝原から宇治にアマテラスが移住する以前には、宇治ではまだ皇室の祖先神のアマテラスをまつってはいなくて、土豪の宇治土公氏がツキサカキのカミという地方神（〃伊勢の大神〃の宇治における呼び名）をまつっていたものだったことも言明できるのである。

宇治土公氏のまつる地方神は七世紀末の天武・持統朝のころには、プレ・皇大神宮たる天つカミ（地方神）としてまつられていた。そのことは次の事実で証明できる。すなわちツキサカキのカミとならんで『日本書紀』の神功皇后の条に出現してくるワカヒルメのカミ（皇大神宮の別宮の伊雑宮のカミ）が淡郡《あわのこおり》のカミと記されている、その事実である。

郡《こおり》とは大化の改新以後に設置された行政区画だ。そして淡郡は、持統天皇の治世の後半に、伊勢の国から分けて設置されたとみられる志摩国の領域に該当している。こういうわけで、天武天皇の治世と、持統女帝の治世の前半には、志摩国はまだ設置されていない。つまり、大化の改新から持統天皇の治世の前半までは、志摩国は伊勢の国に属する一郡であったのである。そしてそれは、淡郡《あわのこおり》（とか粟島郡《あわしまのこおり》）と呼ばれていたものなのであった。

この『日本書紀』の神功皇后の条の記事というものは、実際は、壬申《じんしん》の乱以後の、天武・持統朝における宮廷祭祀の現実を反映していた記事であった。それは、天武天皇が大《おお》海人《あまの》皇子とよばれて、摂津（兵庫県）の海部《あまべ》に養育されたひとであった史実を反映してつくりあげられた話なのであった（筑紫、前掲書、Ⅵ）。

伊勢の海部（磯部）たちは、その守護神であるツキサカキ（古典にみえる高木のカミにあたる）や淡郡のカミを天武・持統のふたりの天皇に捧げて、日本神話を創作し、そのカミをやがてはアマテラスに進化させていったのであった。そういうアマテラスの進化の途中で、伊勢の海部たちは大海人皇子がなれ親しんだ経験のある摂津の海部の守護神をば、伊勢のプレ・アマテラスと同一のカミだ、といい切ったのであった。伊勢の海部の出身である猿女君（大和の宮廷の巫女）たちが、伊勢のプレ・アマテラスと摂津の海部のカミとを強引に結びつけて、同一の神格（プレ・アマテラスであるツキサカキのカミ）にしてしまったのであった。

　そういう事実を裏書きし、証明してくれるまことに重大な史料というものが、実に、『日本書紀』の神功皇后の条にみえている次の記事であったのである。

　神功皇后は朝鮮征伐のときカミの教えを求めた。そうすると第一に伊勢の五十鈴宮《いすずのみや》に居る撞賢木《つきさかき》厳之《いつの》御魂天疎向津《みたまあまさかるむかつ》媛《ひめ》という名のカミ、第二に幡荻穂出吾也尾《はたすすきほにいでしあれやお》田吾田節之淡《たのあたふしのあわ》郡《こおり》に居る稚日女《わかひるめ》という名のカミ、第三に事代主《ことしろぬし》というカミがそれぞれ名のりをあげて皇后にカミがかりした。そして新羅《しらぎ》を征伐せよと教えた。やがて朝鮮征服戦争が終り、軍隊が大和へひきあげる途中、ツキサカキのカミはまた託宣して、じぶんは摂津国（兵庫県）にとどまるように希望した。このようにしてツキサカキのカミは広田《ひろた》神社となってまつられた。またワカヒルメは生田《いくた》神社のカミ、コトシロヌシは長田《ながた》神社のカミとなってまつられた。これがいまも兵庫県の西宮市にある広田神社、および神戸市にある生田神社・長田神社がつくられた理由である。

つまりプレ・皇大神宮のツキサカキのカミは兵庫県西宮市に広田神社としてまつられ、皇大神宮の別宮の伊雑宮（いまはアマテラスと玉柱屋姫《たまはしらやひめ》をまつる）の前身にあたるワカヒルメ（淡郡のカミ。これもプレ・アマテラスである）は、神戸市に生田神社としてまつられた。だから広田・生田のカミはプレ・皇大神宮とプレ・伊雑宮《いぞうぐう》の、それぞれ分社のカミだというのである。このようにして現在でも広田はツキサカキのカミ、生田はワカヒルメをその祭神にしている。

伊勢・志摩のカミと兵庫県のカミとをことさらつながらせて、ともにみなプレ・アマテラスであると説明するこういういいかたは、天武天皇（大海人《おおあまの》皇子）が摂津の海部に養育されて成長し、その地方神と親近なあいだがらであった事実が原因となっている。摂津のカミが天武帝と緊密なあいだがらだったからこそ、伊勢・志摩の海部（それはとくに磯部とも伊勢部とも呼ばれた）の人たちによって、こういう主張は打ち出されたものだったとみなければならない。

こういう附会はどうしても天武・持統朝でなくては起ってこない考えかたなのであった。だからこそ、それを裏書きするように志摩の漁民のまつるプレ・アマテラスは、古典のなかでみずから〝淡郡のカミ〟と名のって、大化改新以後の新しいカミであることを告白しているのである（天智天皇が実際に政治をしていた大化の改新から壬申の乱までのあいだは、天皇は地方国家〝伊勢の大神〟の領土を削減するほどに〝伊勢の大神＝プレ・アマテラス〟にたいして冷淡であった。だから伊勢の大神＝ツキサカキ・ワカヒルメの権威をたたえるこの説話は、壬申の乱の以前には成立する可能性はなかった）。この説話は神功皇后の時代の話であるように、『日本書紀』には年代をふるくさかのぼらせて記載しているけれども、真実は七世紀終りごろという、ひどく新しい世のできごとを反映していたのに過ぎなかった。このように天武天皇に因縁の深いカミの聖地であったからこそ、天武のなくなった直後、その寡婦の持統女帝は、勅して広田神社の常世《とこよ》のカミ迎えの聖地を禁漁区に指定している。それは亡き夫の冥福を祈る気持ちであったのかも知れない。すなわち、『日本書紀』の持統天皇の条には次の記事がある。

摂津《せつつ》の国武庫《むこ》の海一千歩の内に漁猟《かり》を禁断《とど》め、守護人《まもり》を置く。

浜の南宮と西宮

プレ・皇大神宮と同一のカミだと古典に記されている広田神社は、そのカミの歴史を、現地について点検してみる必要がある。しらべてみるとそれは、皇大神宮のカミと同じよ

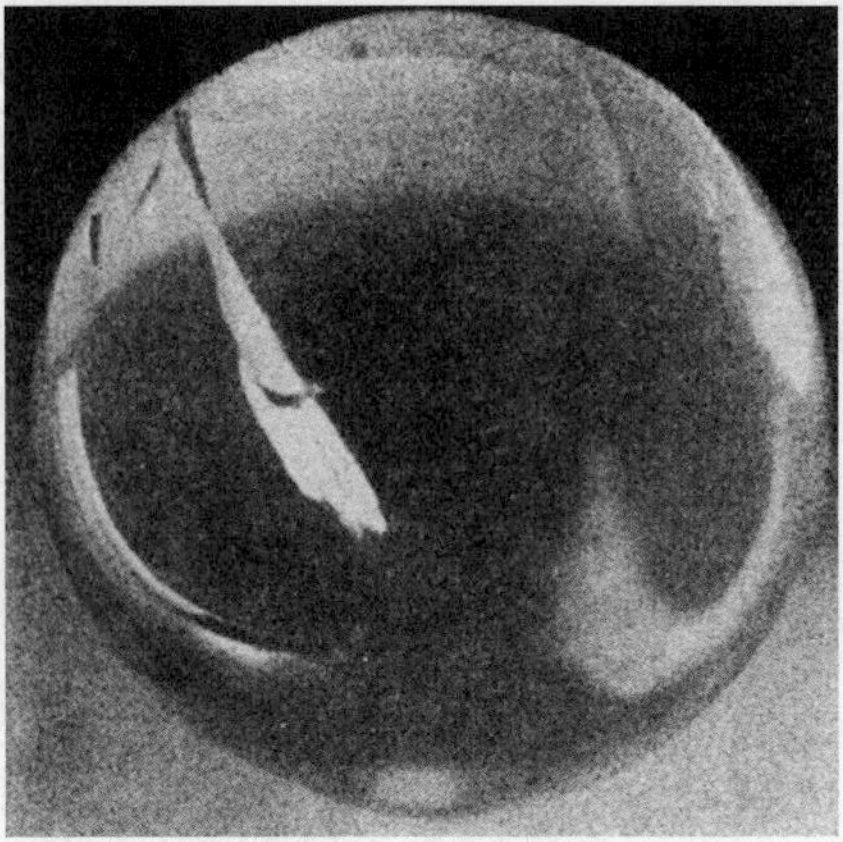
広田神社の宝珠

うに〝海から天へ〟の変遷をとげていたことがわかる。

〝西宮《にしのみや》のエビスさん〟と呼ばれて、夷《えびす》のカミの総本家と信ぜられている兵庫県西宮市の西宮神社は、大阪湾にのぞむ浜辺にある。これこそ広田神社の前身にあたる常世のカミであった。そして広田神社は皇大神宮とおなじように川上の聖地のカミであったのだ。

そこで広田と西宮との関係をややくわしくみておこう。

現在の西宮は西宮皇大神宮ともいい、それは伊勢の皇大神宮が東宮《ひがしのみや》であるのにたいして、その西宮であると主張している。しかし普通にはこの西宮のカミは蛭子《ひるこ》（イザナギ・イザナミが生んで流し棄てたカミ）とも事代主《ことしろぬし》（大国主の子）ともいわれている。ところが西宮の本社にあたる広田神社も、実はもともとは西宮と呼ばれていた。海岸の西宮神社は、六甲山脈の麓の広田神社（本社）の摂社である。皇大神宮＝広田＝西宮は、このようにして実は同一神格と観念された時期があったらしいのだ。

夷三郎殿《えびすさぶろうどの》とも呼ばれて民衆に親しまれているこの海岸の西宮が、文献のうえに姿をあらわすのは比較的新しい。実は西宮がそこに成立する以前から、そこには浜《はま》の南宮《なんぐう》と呼ばれる小さな社があった。浜の南宮は古くからあって、広田神社の摂社なのだ。そして現在でも西宮神社の社域のなかに、ささやかな社殿のままで存在しつづけている。

この浜の南宮は『梁塵秘抄』に、「浜の南宮は、如意や、宝珠の玉を持ち、須弥《しゅみ》の峰をばかいとして、かいろの海にぞ遊びたまふ」とみえ、如意宝珠の玉を神体としてまつっていた。これは『日本書紀』の仲哀天皇の条にみえる如意宝珠である、と古くから伝えられている。この珠は神功皇后が朝鮮征伐のため山口県に進駐していたとき海中からえたもので、海水の干満を思いのままにすることのできる不思議な霊力を持ち、それは戦争に大きな功績をあげた。

ところでエビスはもとは宝珠を手に持っている像もあり、この浜の南宮のカミは西宮のエビスと同じカミであったらしい。そこでこの浜の南宮は、西宮より早くここにまつられた常世のカミであった、とみられている。なぜなら蛭子《ひるこ》(少彦名)は常世のカミであったから。

そのような摂津の神聖な海岸(持統天皇が禁漁区に指定した)に訪れていた常世のカミは、はじめは建物のなかにまつられてはいなかったのに、いつごろか浜の南宮として建物をたてまつられるようになった。そしてやがてそれと同一のカミが、夷三郎殿（西宮）とよばれて、堂々たる神殿を同じ海岸の社域のなかに営まれて、世の信仰を集めるようになったのである。

恵比須祭り

西宮では毎年十一月二十三日に恵比須《えびす》祭事が行なわれていた。この日、巫女《みこ》十人がおのおのエビス像を持ち、紙で新しい神衣をつくり、夕方には浜辺で海水をもってこの神像を洗い清めたのち、その神衣をきせるのだった（『住吉松葉大記』）。この〝御部屋祭り〟とよばれる行事は、まさに常世のカミの御蔭《みあれ》（生＝荒）まつりである。

そのむかし、一年の定まったある日、海岸で棚機《たなばた》つ女《め》（巫女）が、訪れてくる常世のカミを、海に潜ってすくいあげ、湯河板挙《ゆかわだな》に迎えいれて、ふだん機織っていた神御衣《かんみそ》をカミにきせて、その一夜妻《ひとよづま》となる、――そういう〝みあれ〟まつりの定式をふんだ神事なのである。

ところで『日本書紀』の神武天皇の条には、次の歌がのせてある。

葦原の、しけしき小屋《おや》に、菅畳《すがたたみ》、いや清《さや》敷きて、我が二人寝し。

これは日向《ひむか》から大和《やまと》へ侵入した神武天皇が、土豪の娘イスケヨリヒメと結婚したときに、天皇のうたった歌だ。その意味は「葦原のなかのしめっぽい小屋のなかに、菅《すげ》であんだ畳をさやさやと敷いて、おれとおまえと二人で寝たなあ」というのだ。

この記事は、要するに異郷から訪れてきたカミと、その巫女が、葦の生いしげっている水辺のほとりのゆかわだなで、一夜の共寝をするという信仰事象を反映したものである。そしてこの場合の神武天皇は、常世のカミ＝天つカミそのものであることを示している。貴重な史料だといわねばならぬ。

西宮のエビスさんではこのカミ迎えの神事は真冬に行なわれる。ところが五十鈴川口の神崎《こうざき》では、それは初夏に行なわれた。そういうちがいはあるが、皇大神宮の贄の海の神事にみられる、神崎の常世のカミ迎えも、元来は西宮のまつりとまったく同類のものだったのである。贄の海の神事は、記録にのこされているところによれば、男性の神官が主宰していた。けれども、神前神社のカミが荒前姫《あらさきひめ》という、カミの誕生（みあれ）に仕えるたなばたつめであることや、その聖地が潜島《くくりじま》とよばれ、また近くの江神社（皇大神宮の摂社）のカミがたなばた姫（であることを意味するスバル星の娘）であることなどを考えあわせてみると、贄の海の神事も実は、記録以前には、巫女の仕える〝みあれ〟まつりであったに相違はない。

常世のカミ＝天つカミは、後には来訪の回数がふえて、一年に二度、地上に訪れて村びとのまつりをうけるようになった。真冬（正月ごろ）と初夏とがその訪れの時期に当っていたのである。それは真冬にはカミ（太陽）も人間も生命力が衰えるので、人びとは太陽霊の復活祭を行なう（アマテラス神話のなかの天の岩戸の舞踏はこれを説話化したもの）。かくして旺盛な生命力を回復した太陽のスピリットに依頼して、初夏にもういちど地上に降臨して貰い、田におりたって田の守護神（猿田彦）となり、稲の生長をみまもって貰うのである（筑紫、前掲書、Ⅸ・Ⅹ）。

このようなわけで、西宮は真冬に、皇大神宮は初夏にという風に、カミの訪れの時期のちがいはあったけれども、実はまったく同じ趣旨の〝みあれ〟のまつりを行なっていたのであった。

西宮の恵比須まつりを吟味してみると、伊勢の神崎における皇大神宮の贄の海の神事が、プレ・プレ・アマテラスに該当する常世のカミを迎えるための〝みあれ〟まつりであった事実は、赫然として明瞭になるといわなければならない。

広田と兜山

さて、西宮の海岸で定期的にまつられたこのような常世のカミが、御手洗《みたらし》川とよばれる川をさかのぼって、六甲山脈のなかの川上の聖地にまつられるようになったとき、広田神社が成立したのであった。広田のカミは常世のカミが変質し、その呼び名を変えていった天つカミなのだ、ということができる。

東海道線の列車の窓からみえる六甲山脈のなかに、一きわめだって眺めやられる円形の山がある。大きな土まんじゅうのような恰好をした秀峰が、山なみの上にそびえている。これが兜《かぶと》(甲)山で、この山こそ広田神社の神体山なのだ。

『元亨釈書』によれば、この山は山岳仏教の開祖である役《えん》の小角《おづぬ》(役《えん》の行者《ぎょうじゃ》)がそのむかし住んでいたという旧蹟だ。そして、広田のカミが美女と化して「この山にはわが珍宝を蔵してあるので、道場をたてよ」と教えたので、天長五年(八二八)にこの兜山の中腹に神呪寺《かんのう》が建てられた、という。

だからこの山は〝神の山〟とか〝メガミ山〟ともよばれ、神呪寺も要するに、カミの山の寺というぐらいの意味らしい。山にはカミの座である磐境《いわさか》がある、と噂されている。

この山を伝わって天つカミが地上に降臨し、川のなかでみあれするときに、その神聖な川は御手洗川とよばれる。それはまことに、カミの誕生する川にふさわしい名まえだ。そういう川上の聖地に、天つカミである広田神社は創建されたのであった。現在の社殿は川のほとりから少しはなれた山麓に移っているが、もとは川の流れのすぐわきにあったのである。

カミガミの単純化

このようにしてみてくると、日本のなかでの中心的なカミは、もともと〝海から天へ〟とその住みかをかえていった唯一つのカミであったことがわかる。それは海または天から、時を定めて地上に来訪するカミだった。そしてそのカミが人格化されたとき、実におびただしいさまざまな呼び名でいいあらわされたのであったことがわかる。

海のカミとしての西宮のカミは、常世のカミ＝蛭子《ひるこ》＝少彦名《すくなひこな》＝夷《えびす》＝事代主《ことしろぬし》であった。そしてその神社の主張に従えば、そのカミは同時に、アマテラスなのであった。しかも西宮の本社の広田のカミも、プレ・アマテラスにあたるツキサカキの神だった。それはアマテラスの荒魂《あらみたま》だ、と『日本書紀』は説明している。

けっきょく、広田・浜の南宮・西宮の三社の関係をたどると、本社、その分社、そのまた分社というつながりあいになり、そのカミの本質は唯一つの、異郷から人里に来訪してくるカミなのであった。

広田神社が海のカミの本社として、この村里の民衆にあがめられたわけは、七、八世紀のころには、常世のカミの信仰よりも天つカミの信仰の方が重視されるようになっていたためだ。七、八世紀の時代思潮の主流が常世のカミ信仰ではなくなって、天つカミ信仰に転化していたためである。だから古代においては、川上の聖地のカミが本社とか本宮とよばれ、それに関係のある海岸や、海岸に近い島嶼のカミが、摂社とか新宮とか呼ばれている例は多いのである。たいていの村国の信仰のなかでは海岸や島のカミは、川上のカミに対して二次的、副次的な気持ちでみられている。つまり、川上のカミよりは一段低いくらいのカミとみなされていたのが普通なのである。

たとえば和歌山県の熊野川すじでは、熊野本宮は川上のカミで、熊野川上流の川なかの砂洲のうえにあり、熊野新宮は河口にある。しかしながら古典になだかいことなのだが、熊野のカミはもともと常世のカミなのだ。それなのに川上の聖地のカミが本宮だといわれるのは、神社が一般にはじめて社殿建築を持つようになった時期が七世紀末ごろのことであって、ちょうどそのころが、川上の聖地の信仰の確立した最盛期だったためである。そこで古くからある常世のカミ迎えの海岸のまつりはさておいて、川上の聖地がまず重視されて社殿を壮大に営まれ、本宮とよばれたのであった。次いでそのあと海岸のカミまつりが注視され、社殿が造営されて新宮とよばれることになったのだ。広田と西宮の本末関係もこれとおなじことだ。

広島県の安芸《あき》の宮島《みやじま》の場合もこれに似ている。宮島（厳島《いつくしま》）に憑《よ》りつく常世のカミをまつった佐伯氏（阿岐国造《あきのくにのみやつこ》族）はこの島を神聖視したが、やがて川上の聖地の霊岩をもまつるようになった。このような信仰が神社化されたとき、島は厳島神社、川上の岩は速谷《はやたに》神社となった。そして平安時代の『延喜式』によれば、そのころは厳島神社より速谷神社の方がはるかに重視され、山陽道では最高のカミとして朝廷から手厚く贈物をされていた

厳島神社

のである。それなのに平安時代の末になって、平清盛が厳島神社を崇敬してその名声が高まると、それとは逆に速谷神社の地位が落ちて、ついには厳島神社の摂社にされてしまった。これはいわば、天つカミ信仰から常世のカミ信仰へと、信仰観念が先祖がえりしてしまったものといえよう。なお宮島の対岸の本土には、地御前《じごぜん》神社という海ぎわの祭場もある。

注 もっとも海のカミが川上のカミに転化しなかった、少数の例外はある。愛媛県大《おお》三島《みしま》にある大山祇《おおやまつみ》神社がそれだ。この神社は瀬戸内海にあり、昔は島ぜんたいを神聖視していた。四国海岸の今治半島の豪族、越智《おち》国造《くにのみやつこ》の守護神だ。越智氏は瀬戸内海の海賊衆としてなだかい河野氏の先祖である。海上で活躍した越智氏は、遂に最後まで、島に憑りつく常世のカミを重視して、そのカミの住まいを四国の陸地に移しはしなかった。大三島のカミは、川上の聖地のカミに転化されはしなかったのである。しかしながらこの場合でも、カミの名だけは大山祇《おおやまつみ》とよばれて、山岳のカミ、天つカミの名称にかえられている。それを思えばこの神社すら、完全には時代思潮の埒外にいるわけにはゆかなかったことが知られる。

五十鈴川の場合について考えてみても、皇大神宮が川上につくられた理由は、五十鈴川すじ部落国家の信仰が七世紀の末には〝海から天へ〟と、その重点を移動させていたからであった。プレ・アマテラスであるツキサカキのカミ（天つカミ＝伊勢の大神）が五十鈴の川上の聖地に、山を伝わって降臨するようになっていたからである。しかしそのカミは同時に、村国の人たちには、やはり海のかなたから訪れるカミであるとも意識されていた。だから六月十五日の贄《にえ》の海の神事が行なわれもしたし、持統女帝が二見の海岸にでかけて舟遊びをしもしたのである。そしてその海岸に訪れてくるカミ（淡島のカミ）は、広田と西宮との関係をたどってもわかるように、けっきょくは川上のカミと同一の、要するにひとつの外来のカミであったのである。五十鈴川口の海面がアマテラスの最初に降臨した場所だという信念は、このようにみてくると、きわめて古い信仰の伝承されたもの、と断言することができるのである。

猿田彦が興玉《おきたま》＝沖魂《おきたま》のカミと思われているのは、それがもともと常世のカミであったからだ。従って猿田彦とアマテラスとは同一のカミだ、ということができる。古典は猿田彦を国つカミといっているが、国つカミとは天つカミが地上に降臨している状態をいいあらわしたものであることは先きに述べておいた。

五十鈴川すじ部落国家の首長の宇治土公氏は、その守護神である常世のカミ＝天つカミを二通りのいいかたで表現した。その一つがアマテルであり、その一つが猿田彦であった。そして宇治土公氏はその家系の女性ら（猿女）を都に派遣して、アマテルのカミを天皇に捧げた。そのアマテルが天皇の祖先神に昇華したとき、古典のなかのアマテラスは誕生したのである。いっぽう、アマテラスとおなじ神格の猿田彦を、宇治土公氏はじぶんらの祖先神にしたのであった（筑紫、前掲書、X）。

佐田浜

猿田彦は、地上に降臨して田のカミとなってまつられる太陽霊なのである。猿《さる》ということばには〝やってくる〟とか〝生まれる〟とかいう意味がある。田にやってきて御生《みあれ》（蔭＝荒）する太陽のスピリットは、むかしは海のかなたの常世の国から舟にのってやってくるものと思われた（筑紫、前掲書、X）。だから日本の海岸のいたるところに、佐田《さだ》岬とか佐田浜とかいう地名があるのだ。佐田とは猿田《さるだ》の転訛したものである。寝殿造《しんでんづくり》の渡殿《わたりどの》を、普通に「わたどの」と読むように、ら行に活用する動詞の語尾はしばしば省略して発音される。鹿児島県吉田には東佐多《さだ》浦という名の海岸があり、そこには猿田《さるだ》王子神社がまつられている。そしてこの神社のカミの名はわからぬ、とされている。しかしそれは、むかしの村びとは一々カミの固有名詞をせんさくしなかったから、というまでの話で、このカミの実態はきわめて明瞭にわかるのである。これは、そのむかし日本の村国ごとにどこででもまつられていた、もっとも普通な外来のカミだった。そういうカミを海岸で迎えてまつっていたところが佐田浦（浜）であった。そしてそのカミは猿田（佐田）彦とも呼ばれていたのである（猿田彦は一名、佐田彦ともよばれた）。佐田に訪れるカミが、海のかなたからはるばると海上を旅して、やっとたどりつく海岸の祭場が佐田浜（浦）であった。だからそういう海岸の聖地は、ところによっては日ヶ浦とか日の御崎などと呼ばれもした。なぜなら猿田彦はアマテラスと同じく、太陽神だから――。

アマテラスの誕生する五十鈴川口の聖地にもそういう地名がある。池の浦のなかの淡島（中の島）のカミである粟皇子《あみこ》神社（皇大神宮の摂社）の、ささやかな社殿のある場所は佐田の浜とよばれている。そして同じ池の浦の入り江の、その向かいがわの浜辺は日ヶ浦とよばれている。池の浦の南に湾入している入り江は鳥羽湾だが、そこにも佐田《さだ》浜がある（その佐田浜はまたサンダ浜とも呼ばれている。猿田浜の意であろう）。現在、国鉄の鳥羽駅の

鳥羽駅前の仏岩とエゴの松（当時）

ある浜辺がそれで、そこには海岸に仏《ほと》岩《けいわ》と呼ばれる石が海のなかに立っている。志摩半島のアゴ湾の立神《たてがみ》という村には浜辺の海中に立神《たてがみ》とよぶ神聖な石がたっており、お盆にはこの石のほとりから藁舟を沖に流して祖霊を海のかなたに送り迎えしている。そしてこの石を、カミの憑《よ》りつく神聖な石と思って定期的なまつりをしているのである。ところがこういう海神の岩は、鹿児島県の奄美《あまみ》大島で立神《たちがみ》とよばれているのをはじめ、全国的にいくらでも例をあげることができる。

鳥羽の仏岩のすぐそばには岩ばかりの小島があり、そのいただきには一本の松の木が生えている。この松はエゴの松とよばれているが、それはたぶん、カミの影向《えいごう》（憑りついて再生）する松という意味であろうというひともある。海のかなたから訪れてきた海神は、はじめ仏岩に、次いでそのそばの松の木によりついて、里びとにまつられたのであろう。

日の山

海岸の聖地のあたりでも、時を経てカミが〝海から天へ〟と変遷をとげた後には、太陽霊は空から山を伝わって降臨するものと信ぜられるようになった。さきにのべた五十鈴川口の伝説の島、八島のカミ（常世のカミ）をまつっている賀多《かた》神社（鳥羽市鳥羽町の氏神）でも、そのカミは、

鷲の羽の御船に乗りて児の谷に、天降ります八つ島の神。

とうたわれているように、海のカミが遂に空から降ってくるように変質してしまうのだ。ここでも空からカミが降臨するためには、当然のルールに従って、神聖な山を伝わって降りてこなければならぬ。だから賀多神社のそばには太陽のスピリットが降臨する山があった。そういう名の山があるのである。それが樋之山《ひのやま》である。この山は『伊勢二社三宮図』をみると日之山《ひのやま》と記されており、もともとの山の意味がそれではっきりわかる。

和歌山県の日高川すじには道成寺がある。日高川の蛇の化身である清姫の話はあまりにも有名だが、太陽霊はしばしば蛇の姿と化していた。五十鈴川すじでも飛島（八島）に住む大蛇の話をはじめとして、蛇の伝説は多い。皇大神宮のアマテラスにしても、伊勢の現地では蛇だと思われていた（『通海参詣記』）過去があるほどだ。志摩半島の海岸では、めだった島嶼や海中の岩には、たいてい神聖な蛇（大蛇や白蛇）が住むという伝説があり、その数はおびただしいのである。

注　皇大神は金色の霊蛇と化して二見の浦に現われ給うたという所伝もある。

そのくらいだから清姫の説話にしてみたところで、けっきょくのところ、海のかなたの竜宮の、乙姫さまの昔ばなしに似たもの。つまり海のかなたの常世の国から訪れてくるカミの、巫女《みこ》であった過去はあったのだ、とみることができよう。日高川の河口の岬は日の御崎といい、その岬の山は日ノ山と呼ばれている。ここでもまた、まあ、なんと五十鈴川すじの場合にくらべて、その道具だての配置が酷似していることであろうか。

日高川の川上も、あるいはせんさくしてみると日高見《ひだかみ》の国であって、いわば川上の聖地＝高天原なのだ、というような伝承があるかも知れない、と疑ってみたくもなるではないか。日高川の川上には有名な竜神温泉があるが、保養かたがたここを訪れたときはしらべてみるのも一興であろう。こういう夢想めいた予測的な提言は、まことに不謹慎な放談にきこえよう。けれども敢えてそういう示唆めいたことをいってみるのには、それだけのわけがあるからである。それはこうだ……。

いままでに五十鈴川すじ部落国家の信仰変遷を点検してみたが、それは幸いに皇大神宮の古い記録がのこっていたので、かなりリアルに復元することができた。したがってそこに提示された信仰の体系は、日本古代の信仰の一典型であるとして標榜することが可能なのである。けれどもしかし、実はそれと同じケースの信仰は、一つの川すじごとに、日本全国のどこでもむかしはみられていたのであった。

日本神話は五十鈴川すじの巫女《みこ》が天皇の宮廷にはいって創作した説話なのであるけれども、仮に神話創作者が五十鈴川すじ出身のひとでなくても、それがたとえ全国のどこの誰であってもよい。そのひとが七世紀末の日本人であって固有信仰の宗教家であるならば、おそらくは誰でも似たような日本神話を、大和の宮廷において構成したであろう。大まかには、そのように考えてよいと信ぜられる。

それはなぜかというと、日本各地のどの村国でも、そして都のある奈良盆地でも、みな五十鈴川すじと同じようなカミ観念の変遷の体系をもっており、実際にそれを体験していたのだから。そして日本神話はしょせんそういう村国のカミ観念の体系を、日本全域にまたがる話として、雄大な規模に構想したものにほかならないのだから。そういうわけで、むかしの宗教家が日本全土を支配する天皇のために、日本神話をニッポン全土にまたがる話として構成する場合を考えてみると、誰がつくってみてもおのずから似たようなものにならないわけにはゆかなかったろう。なにしろ、信仰の経験がどこの誰でもみな、ほぼ同じ形態のものだ、ということになれば、大まかにいってそう考えざるをえないのである。

それにまた、こういうこともいえる。日本全土に共通する村国の信仰を土台にもっていたからこそ、七世紀末から八世紀の初頭にかけてつくられた日本神話は、のちのちになって、日本全国の民衆によって、ムード的に受けいれられることができたのである。後世、伊勢信仰と文字の普及がゆきとどいたとき、日本神話が抵抗なしにひろくニッポン全土の民衆に受けいれられ信ぜられることができたのは、日本神話の体系が、民衆のこころの風土性と同一のものであったからにほかならない。

神話形成におけるこのような原初の事情を、われわれが、いたるところの川すじの村里ごとに点検してみてまわるのは、興味ある民俗学の実験である。そしてまたそれは、村の歴史を深めるという実益があるし、われわれ日本人のこころの底辺を内省してみるきっかけにもなろうから。

Ⅵ 吉野・熊野と神武天皇

神武天皇はなぜ熊野から吉野へ侵入し、大和を平定しなければならなかったのか。この重大な神話の謎も、わかってみれば実に簡単。それは神武天皇のモデルが天武天皇であったから——。そしてまた、神話創作の時代が、〝川上の聖地〟の信仰の興隆期だったからである。

加太の淡島

試みに、清姫の里の日高川から目を移して、おなじ和歌山県の北の端を東から西に流れている紀ノ川すじの、固有信仰の実態を探ってみよう。ここでももちろん〝海から天へ〟の同じうつりかわりのケースがみられる。

和歌山県の海岸の北の端に、加太《かだ》という小さな港町がある。いまはさびれているが、大阪湾口に臨んでいる港だから昔は栄えた。海女《あま》の村でもある。蜜柑を江戸に海上輸送して巨富をえた紀国屋文左衛門の郷里だ。この海岸に有名な加太の淡島《あわしま》さまと呼ばれる神社がある。

この淡島神社は平安時代のはじめの『延喜式』にもその名がみえる古い神社で、少彦名《すくなひこな》をまつっている。この神社はいまでこそ海岸に社殿があるのだが、はじめはこのカミは加太浦の沖にある淡島でまつられていた。大阪湾口の紀淡海峡のさなかに、友ヶ島とよぶ群島がある。いくつかの小島が群れ集まっているのだが、そのなかの一つの神島が、淡島と呼ばれている。この島で淡島のカミはまつられていたのだ。

淡（粟）島（国）という地名は、海岸に住む漁民（海部《あまべ》）の国の名であった。彼ら古代の漁民（海人《あま》）は、常世のカミ、つまり淡島のカミをまつり、彼らの住地には淡（粟）という地名がつけられていたのである。著名な例を挙げれば、徳島県が粟《あわ》（阿波《あわ》）の国だし、千葉県の房総半島の突端も安房《あわ》国であった。そのほか、日本の海岸にはいたるところに、淡《あわ》＝粟《あわ》＝青《あお》（あわの転訛したことば。宮崎県にある、熱帯植物の繁茂する有名な青島はその一例）という地名が現存している。三重県の五十鈴川口も粟（淡）とよばれていたし、令制《りよう》の志摩国は粟島《あわしま》の国から起った国名で、七世紀には淡郡《あわのこおり》と呼ばれていたことはすでに述べたとおりである。

さて、加太もなだかい海女の村である。紀ノ川の河口の北岸の、突端の岬にある加太浦は、紀文大尽《きぶんだいじん》の出身地でもあり、「加太は千軒、七浦在所《ななうらざいしょ》」とうたわれて船乗りたちが多く集まったので、ここの淡島信仰は、江戸時代には全国各地に伝道された。東京の浅草観音の境内には淡島堂があり、いまでも都民の信仰を集めているが、この淡島さまも加太の淡島明神の分かれなのだ。江戸時代に神輿をかついでここに出開帳《でがいちよう》したので、その後ひきつづいて今にいたるまでまつられているのである。

神社の正統な伝承によれば、加太の淡島明神は男性のカミで、常世のカミを意味する少彦名なのだが、俗伝では女性のカミさまだった。これは淡島願人《あわしまがんにん》とよばれる下級の布教師によってひろめられた伝説なのだが、淡島さまは大阪の住吉《すみよし》大社のカミの后《きさき》だという。住吉のカミは淡島のカミの夫なのだが、この男ガミは妻を嫌った。なぜかというと淡島さまが婦人病で、臭いのでいやだ、というのだ。そこで住吉のカミはじぶんの住む社殿の扉を外して、淡島さまをこれにのせ、沖に流してしまった。淡島さまは海を漂流して加太に流れ着き、いまのようにまつられることになった。だから淡島さまは婦人病のカミとなって、なやめる女性に腰から下の病いを治して下さるのだ、という。そしてこの神社は、日本の春の風物詩のひなまつり、流し雛《ながしびな》の総元締だと噂されている。三月三日のひなまつりは、ここのまつりがおこりなのだというのだ。二月八日に全国的に行なわれている針供養にしてもこの淡島神社の行事がおこりなのだといい、いずれも盛大なまつりが現在でも毎年催されている。とにかく、婦人に関係した年中行事の総本家だという伝承と行事がここにはあるのである。安産を祈るために参詣するひとが多い。

常世《とこよ》のカミをまつる司祭者が五十鈴川口でも荒崎姫とよばれる女性であったことは、いままでに繰り返し述べておいた。淡島の女性神がそれと同類のカミであることは、もはやことばを費すまでもなく、明白だ。こういう信仰観念は、訪れるカミとその巫女との関係が全国に普遍的なのだから、広くどこにでもあるのである。三重県の志摩半島の突端にも、これと符合する信仰がある。

真珠のふるさとで有名なアゴ湾の、その湾口を扼する御座《ござ》岬は、常世のカミが寄りつく御座岩のある岬という意味であった。そういうことが『伊勢二社三宮図』をみるとわかる。カミの御蔭《みあれ》（生《あれ》＝荒《あれ》）する岬の海岸だから、御座浦は荒磯《あらいそ》とも呼ばれた（『志摩国大絵図』）。岬には潜島がある。この磯辺には鳥居がたてられ、波打ち際にある小さな自然石の一つは石仏《いしぼとけ》と名づけられている。なんの変哲もない小さなこの石が、婦人病を治してくれるカミ

（仏）と信じられ、伊勢市あたりから花柳界の女性らがしきりに参詣している。同類の石は、ほかにも志摩には多い。立神《たてがみ》むらの立石《たていし》にも同じ信仰がある。

常世のカミの司祭者は五十鈴川口でも、後には男性（皇大神宮の禰宜・大内人）になってゆくが、元来は司祭の主役は女性であった。大阪の住吉大社では司祭者が男性になっていった。その男性の家すじは、著名な摂津国（大阪府）の豪族の、津守《つもり》氏である。だが、紀ノ川の河口の、加太の淡島明神では、女性がいつまでもその司祭者であったのだ。

女の司祭者

加太の淡島明神の神官は前田氏である。この前田氏は、明治以前は女系相続をしていた。四代前から男系相続にかわったのであって、明治維新のころまでは、生まれた女子が跡を継ぎ、男の子は外に出されたのである。世間普通の家系の継ぎかたとは逆のやりかたであった。

日本神話の創作者の猿女君も女系相続の家すじであったことは有名だが、それはちょうど加太の前田氏のようなやりかたであったのだろう。

猿女君《さるめのきみ》は折口博士の説かれたように、五十鈴川すじ部落国家の首長の宇治土公《うじのつちぎみ》氏と同族で、その女系の家すじだった。猿女は五十鈴川すじの村国《むらぐに》に訪れてくる常世のカミを、五十鈴川口に湯河板挙《ゆかわだな》を特設して待ちうけてまつっていた。また宇治土公氏の本拠（五十鈴川が山峡から平野部へ流れ出たすぐのところの農村、楠部むら）でも、同様なやりかたでカミまつりを行なっていたのである。そのために、後にこの猿女を神格化して、河口の神前《こうざき》神社でも、また平野部の楠部むらにある荒前《あらさき》神社でも、荒崎姫《あらさきひめ》をカミとしてまつるようになったのである。

皇大神宮の神体の八咫《やた》の鏡は、アマテラスがその孫のニニギに「これを私と思ってまつれ」といって手わたしたもの、と信じられている。ところが、紀ノ川河口デルタの王であった紀国造《きのくにのみやつこ》の家にも、似たような伝承があった。平安時代に著名な歌人の紀貫之《きのつらゆき》を生んだ紀氏は、皇大神宮の神体の八咫の鏡を製作するときに、それと同時に製作されたもう一つの鏡を持っていた。それを紀氏は、氏の守護神としてまつる日前《ひのくま》神宮（紀伊の大神。アマテラス）の神体にしているのだ。これは古典に明記されている神話である。この日前神宮は紀ノ川の河口の南岸にある。しかもこのカミにも、むかし常世のカミであったという記憶はあるのであった。日前のカミは実ははじめ海岸の岩によりついてまつりを受けていたものを、のちに陸地に誘引して、社殿を固定してまつるようになった。それが日前神宮なのだ、という伝承があるのである。

そのうえ、どうも、この紀氏と淡島の前田氏との間には、ふるくから親戚関係があるらしい。前田氏は紀朝臣《きのあそん》の系統である。だからもちろんこの前田氏は、村びとから土下座をして敬礼されるほどの〝殿様〟のような家柄なのだ。そして江戸時代にも日前神宮の紀氏から入婿しているくらいだ（紀氏を通じて京都の貴族、飛鳥井氏とも血縁関係がある）。

このような例をみていると、宇治土公氏と猿女との関係というものも、たいへんリアルに理解することができるのである。

淡島と大峰

この加太の淡島明神と、紀ノ川の川上の聖地とのつながりあいも〝常世のカミから天つカミへ〟の定式通りなのだ。修験道の本山、京都の聖護院《しょうごいん》の修験者《しゅげんじゃ》たちは、毎年、紀ノ川上の聖地の大峰山《おおみね》にわけ入って修行をする。その際、彼らはまずかならず加太浦の沖の神島にわたり、そこにある〝穴《あな》の行場《ぎょうば》〟で行《ぎょう》をする。その翌日、海岸にある淡島神社へ詣り、それから大峰にのぼるのである。この順序はかならず踏まねばならないし、現在でも守られている。これこそカミの経めぐりのコースそのものといわねばならない。

吉野の金峰山《きんぷ》は、万葉時代から金《かね》の峰《みね》とよばれて、大峰山を中心とする吉野連山の一環を成している霊山だ。いうまでもなく修験道の聖地だが、ここでも淡島信仰は盛んである。旧暦三月三日には小さな船に、あわ餅やひな人形をのせて川に流す。

だいたい古典をさぐってみると、この吉野は七、八世紀に天皇がしきりに訪れている場所である。応神・雄略天皇ごろの記事は伝承的でにわかに信ずることはできないが、七世紀の斉明・天武・持統、八世紀の文武・元正・聖武天皇など、吉野に離宮を営んでしきりにここに訪れている(離宮の位置については諸説があるが、いずれにしても紀ノ川の最上流域の渓谷であることは間違いない)。

吉野はまた、政治的な危機に陥った皇族の逃避の場所でもあった。古人大兄皇子が皇極天皇から皇位を譲られそうになったとき、政権の座についてその身が危険に陥るのを避けるために、彼は僧侶となって吉野にのがれた、「臣の願いは出家して吉野に入り、仏道を勤修して天皇を祐け奉らん」といっている。また有名な話だが大海人皇子(後の天武天皇)は、兄の天智天皇がなくなる直前に、身の危険を察して吉野にのがれた。「臣は今日出家して、陛下の為に功徳を修せんと欲す」と述べている。

七世紀後半には、紀ノ川の川上の聖地の吉野は、政治亡命者が僧侶となって政争をのがれて隠棲する場所になっていたのである。それはそのころ、日本固有の信仰が、海から天へと、すでに移りかわっていたからである。そして川上の聖地の信仰が、早くも仏教化されていたことをものがたっている。

紀ノ川上は五十鈴川や京都の貴船川の場合と同じように、雨乞いの聖地だった。万葉《まんよう》時代からそうで、たとえば元正天皇の吉野の離宮のありかは「滝の上の三舟《みふね》の山に」と形容されている。平安時代には京都の貴船神社と、紀ノ川上の丹生川上《にうかわかみ》神社とが、朝廷によって特別に手厚くまつられる祈雨・止雨のカミであった。空海が開いた高野山の信仰にしても、その山麓にある丹生《にう》津比売神社の水神信仰を基礎にして、それを仏教化することによって成立しているのである。これらは丹生川上神社や吉野よりも少し川下に位置を占めているが、信仰的にはみな一つながりのものなのである。

ことに注意しておかなければならないことは、紀ノ川上の吉野・大峰の固有信仰が仏教化されて、後の修験道の霊山としての地位をほぼ確立した時期が、まさに七世紀末から八世紀のはじめのころ、つまり日本神話が成立した持統女帝のころに当っていたという事実である。

修験道の開祖は役《えん》の行者《ぎようじや》だ。彼の名は役小角《えんのおづぬ》といい、はじめ南大和の葛城山で修行した。次いで吉野の金峰山を修行の場所とした。吉野は水分《みくまり》のカミの聖地であるが、これを仏教の霊場に転化した。金峰山のカミはふるくから少彦名《すくなひこな》(常世のカミ)だといわれるが、このカミを垂迹《すいじやく》のカミとし、その本地仏《ほんちぶつ》を蔵王権現《ざおうごんげん》と定めたのだ。役行者は金峰山に一千日籠居してこの仏に祈ったといい、次いで大峰を開いたと伝えられている。大峰こそ紀ノ川の水源の丹生川上のカミの信仰を仏教化したものとみなすことができるのである。

このようにして日本における山岳仏教・修験道の開祖である役の行者は、七世紀末から八世紀のはじめのころ、紀ノ川上の聖地の信仰を、世上にクローズアップしたのである。

神武と天武

このようにみてくると、神話のなかの神武天皇が、しきりに紀ノ川の川上に執着している事実の意味は、はっきりとわかってくる。

神武天皇が大和盆地に攻め入ったという説話は、実は天武天皇が壬申《じんしん》の乱を起して、大和朝廷の政権をその手中に収めたという史実の反映なのであった。

天武は吉野の山中にいて画策し、大和盆地に侵入してこれを占領した。だから神話の世界でも大和政権の帝王となる神武には、めんどうであっても、いちおう吉野、つまり紀ノ川上の山中から大和盆地に侵入して貰わねばならなかったのである。

それにはもう一つ、固有信仰のうえでの約束ごともあった。それは川上の聖地にいるカミが尊くて、川下や平野のカミは、川上のカミよりも一段低いカミだという信念である。それを解説するためには誰もが知っている〝桃太郎の誕生〟する昔話から説き起さなければならない。

桃太郎の誕生

桃から生まれた桃太郎の昔話は、七、八世紀に盛んに行なわれた川上の聖地の信仰に根ざしている。川上から貴いカミが流れ下ってきて、人里の川のなかで御蔭《みあれ》(生《あれ》)するという信仰は、そのころ、あったのである。

第XI章のはじめに述べるとおり、その恰好な事例は、京都の貴船《きぶね》川の場合である。貴船山に降臨した天つカミは丹塗《にぬり》の矢と化して川を流れ下ってくる。そして賀茂氏の人たちが住む京都盆地で、賀茂川の水流のなかに誕生して、上賀茂社のカミとなってまつられるのだ。神聖な矢（実は雷神そのもの）が賀茂氏の〝たなばたつめ〟（巫女）と結婚して、カミの子が生まれる。

桃の実は呪力を持つものと考えられていたことは、イザナギがイザナミと死の世界で会見して、生の世界に逃げかえるとき、追撃を防ぐために取ってはなげ、取ってはなげしていることでもわかる。矢といい、桃の実といい、しょせん同じセンスの呪物であった。そしてそれはカミのよりつくものと信ぜられていたのであった。

桃の実を老婆がひろいあげるという話は、村びとが、カミの誕生に奉仕するためにたなばたつめを、川ばたの〝ゆかわだな〟に住まわせて、実際に水浴びをさせ、カミを水流から救いあげていた信仰的事実の反映に外ならない。

成長した天つカミの子の桃太郎は鬼ガ島に鬼征伐にゆく。ところが鬼の本来の姿はカミであった。それは島に住む鬼ならば常世のカミ、山に住む鬼ならば天つカミであった。しかしカミの信仰が衰えたり変形してゆくと、零落したカミは人に恐れられたり軽蔑される鬼に変貌した。

桃太郎は大きくなると常世《とこよ》の国（鬼ガ島）に渡って、海の向うの財宝を、ひとの住む内陸の土地にもたらしたのである。こういう桃太郎の鬼ガ島征伐譚からは、本来は、桃太郎それ自身が常世のカミとして、海陸の間を往来していた、——という信仰的な過去があったものと推察してよいであろう。なぜならば、天つカミは元来、常世のカミにほかならないのだから。

要するに、桃太郎ばなしからうかがわれる古代信仰は、遠いむかしの人びとの信念なのであるが、それは(一)海のかなたの常世のカミは川をさかのぼって川上の聖地の天つカミとなっていた。しかるに(二)その川上のカミは、川上からふたたび人びとの住む村里に川をつたわってくだってきて、人びとの生活地域を支配するもの、と信ぜられていたのであった。そしてそれは七、八世紀ごろの信仰的な現実であったのだ。しかも川上のカミは、村びとに福をもたらすためには、ときには武力を行使することもあると思われていたのだった。

川上のカミであるプレ・皇大神宮の司祭者が、五十鈴川をくだって、河口の海岸で島のカミをまつる事実も、このようにしてみてくると、桃太郎の鬼征伐と信仰の根は同じであった。川上のカミの威力をバックに持っているからこそ、五十鈴川すじ部落国家の首長の宇治土公氏《うじのつちぎみ》は、川すじの村むらを従え、その村むらの代表者から服従を誓う寿歌《ほぎうた》(国歌「君が代」のもと歌)を捧呈されるだけの権威を認められていたのである。

雷の父子

ひとの住む村里でも、実は川上のカミと同じ性格の天つカミが、川のほとりの山に降臨して、川のなかでみあれしてまつられていた。同じ神格の天つカミが川上にも降臨し、村里にも降臨していたのである。

けれどもその場合、川上の天つカミの方が、川下の天つカミよりひときわ尊いと信じられていたのである。

京都盆地の場合、川上の聖地の貴船社も、川下の村里の上賀茂社・下賀茂社も、それぞれみな、川の付近に御蔭《みあれ》（生《あれ》）山をもっている。それなのに、これらの神社のカミを人格化して系譜をつくるときには、貴船のカミを父（天界の雷神）とし、上賀茂社のカミをその子とし、下賀茂社のカミを母（賀茂氏が雷神のためにさしだしていたたなばたつめ。それは人間であって、雷の妻。雷の子の母）とみなしている。こういう系譜関係こそは、農民が、水を絶対的に支配する川上のカミを畏敬して、特別に尊いと思っていたからつくり出された信念なのであった。

五十鈴川すじの場合でも、このような信仰の意識は、やはりはっきりと実在していたのである。

鏡宮と朝熊山

五十鈴川の中流域の川ぶちに、鏡宮《かがみのみや》という、皇大神宮の末社がある。そこは五十鈴川と、その支流の朝熊《あさま》川の合流点だ。

川のなかに一つの、あまり大きくはない岩がある。むかしはその岩の上に二枚の鏡がい

朝熊の鏡宮

つも置かれていて、神聖視されていた。のちにその岩のそばの川ぶちに土を盛り、建物をたてて、この鏡をおさめて神社としてまつった。

この神社の対岸の小山には皇大神宮の摂社の朝熊神社があり、朝熊水神と穀霊《コーンスピリット》神（大歳《おおどし》のカミ）をまつっている。またその近くにある加奴弥《かぬみ》（鹿《かの》海《み》）神社は、柵のなかに岩が置かれているだけという神社で、皇大神宮の末社だが、これは早乙女《さおとめ》で、カミ妻を意味する稲依姫《いなよりひめ》をまつっている。

朝熊川の水源は朝熊山だ。その形はちょうど兵庫県の広田神社の神体山の、兜山に似て円型である。そしてちょうど兜山に神呪寺があるように、朝熊山の上にも金剛証寺がある。

これらの、神社と岩と山とは、朝熊の村のふるい信仰が、やはりそのむかし、海から天

朝熊山金剛証寺

へと移りかわっていたことを如実にものがたっているのであった。

常世のカミが海のかなたから五十鈴川をさかのぼって朝熊の村に到着してよりついた岩が、この川のなかの岩であった。鏡宮はいま岩上二面神鏡を祭神としてまつっているが、こういうカミは常世のカミにほかならぬ。岩はいろいろと怪奇な伝説に富み、いまでも柵をめぐらし、神聖視されて残っている。

常世のカミが時を経て天つカミに転化したとき、この村ではそれは朝熊水神とよばれた。そしてこの水神は、朝熊川の水源の朝熊山に天降って、五十鈴川と朝熊川との合流点に誘引されてまつられた。これが朝熊神社なのである。

朝熊山は平安時代のはじめ以来、仏教の霊場となっているが、実は、朝熊神社の神体山であったとみなされる。朝熊山のいただきには、ア

朝熊山の雨宝童子（アマテラス）

マテラス大神の降臨する霊巌がある、と記録にのこされているし、寺にある雨宝童子の木像（平安初期）はアマテラスの神像だ、といい伝えられている。そして朝熊川すじの村びとは、ひでりにはこの山にのぼって雨乞いをする。山頂に竜池《りゅうち》とよばれる池があり、この池をさらえてカミに雨乞いをするのだ。

要するに朝熊水神は、実はアマテラスでもあったのである。アマテラスは五十鈴川上の山に天降りもしたし、中流域の村では、その付近の山へも天降っていたわけなのだ。朝熊

朝熊山

山に降ってきた天つカミも川水のなかをくぐって誕生していた。だから参宮道者《さんぐうどうじゃ》（伊勢参宮客）は皇大神宮から二見の浦へ垢離《こり》かきに出かけてゆく途中、この五十鈴川と朝熊川との合流点で、水に潜って垢離かきをしていたのである。

つまりこの朝熊神社（や、これより五十鈴川に沿うて上手の楠部むらにある大土御祖神社）は京都の賀茂社（の上社や下社）に当るし、川上の皇大神宮は貴船神社に当る性格の神社であったのだ。同じカミであっても、川上のカミはとくに優位に立つものと思われて、部落国家の首長は、村国《むらぐに》を代表してことに手厚く川上のカミをまつり、とくに定期的な天気まつりを行なっていた。それがプレ・皇大神宮（五十鈴川の滝祭《たきまつり》のカミ）の実態であったのである。

川上のカミが流域ぜんたいの水田耕作を支配する実力を持っているからこそ、部落国家のかしらはそのカミをまつり、その権威を背景にすることによって村国に君臨することができたのであった。

このようにして七、八世紀には、一つの川すじの村国ごとに、川上のカミを至聖・至高のカミとみなしていたのである。川下の同一神格の天つカミよりも、また同一信仰系列に属する常世のカミよりも、川上のカミは上位のカミだと思われていたのである。

雨乞いの聖地

七世紀には皇極女帝が大和盆地の川上で雨乞いをして雨をふらせ、民衆からその霊力による善政を誉めたたえられた。蘇我氏も負けてはいず、桙削寺《ほこぬきの》という雨乞い寺を皇極天皇の三年（六四四）に、大和盆地の川上の聖地（南大和の船倉村丹生《にう》谷）に建てている。それは蘇我氏滅亡の前年のできごとである。

その後、奈良盆地の南がわの吉野が、大和朝廷の川上の聖地に選ばれてゆくのである。その吉野は奈良盆地を流域にしてはいないけれども、古人大兄皇子や天武天皇が隠棲して、川上のカミの霊気にふれて修行した場所であったので、七世紀末から八世紀はじめのころはとくに朝廷によって重視された。そのくらいだから役の行者は、はじめ奈良盆地の川上の聖地の一つ、葛城《かつらぎ》山で修行していたのに、次には紀ノ川の川上の吉野・大峰に修行の場所を移し、やがてそこは修験道の本拠にまで育てあげられたのであった。朝廷も、奈良盆地の水のカミ（広瀬神社など）をまつる一方では、紀ノ川上流の丹生《にう》川上《かわかみ》のカミを重視して、手厚くまつったのであった。

天武天皇がカミとしての資格を整えた聖地は紀ノ川上であった。天皇をカミとみなす観念の高揚したのは天武天皇の時である。天武天皇（大海人皇子）は壬申の乱という皇位継承戦争には、川上の聖地の吉野をスタートして、戦いに勝った。そして皇位につくことができたのであった。——このような史実は、天武・持統・文武天皇の治世（七世紀末から八世紀はじめのころ）に創作された日本神話の、そのプロットに当然のことながら、投影される。そこで神話の世界でも、初代の天皇の神武は、大和朝廷のある奈良盆地に侵入するためには、どうしてもその出発点を紀ノ川上の吉野に選び定めなければならなかったのである。

アマテラスの遷幸

天武天皇は、奈良盆地で戦闘することは、実は、その部将にまかせた。そしてじぶん自身はもっと重大な作戦を陣頭指揮している。

天皇は、滋賀県の大津にいた弘文天皇（大友皇子）を攻撃した。その進軍のコースは吉野（奈良県）↓伊賀《いが》の上野《うえの》の盆地（三重県）↓北伊勢の地方（三重県）↓尾張（愛知県）↓

美濃（岐阜県）→近江（滋賀県）であった。ところがこれをよくみると、この道すじが、『日本書紀』や『倭姫命世記』にしるされているアマテラスの遷幸コースにたいへんよく符合していることに気づくのである。

壬申《じんしん》の乱は近江の大津で終戦になった。しかしアマテラスは南伊勢の宇治に遷幸されなければならない。そこで壬申の乱の進軍コースをもとにして、その道すじの一部分を逆にまわすという修正を加えただけで、そのコースをアマテラスの遷幸のコースに転用したのであった。

「アマテラスを奉戴したヤマトヒメが、カミをまつる場所を求めて遍歴した」という、古典の説話の、皇大神宮遷幸コースというものは、うち割ってみるとこのようにして決められていたものであったことがわかる。アマテラスの遷幸、つまりヤマトヒメの遍歴とは、壬申の乱における天武天皇の進軍、およびそのコースという、史実の投影したものにほかならなかったのだ。

熊野信仰

神武天皇が奈良盆地へ攻めこむとき、はじめ大阪から侵入しようとして失敗した。そこで紀伊水道を南下して海岸づたいに熊野へゆき、熊野川をさかのぼって紀ノ川の川上に出た。このような道すじを通って吉野から奈良盆地に侵入したのだ。古典のなかの神武天皇の、このようなコースはなぜつくられたのであろうか。

それは七世紀末から八世紀のはじめのころ、つまり『古事記』『日本書紀』の説話がつくられつつあったそのころに、大峰の信仰もまた成立しつつあった事実と深い関係があると信じられる。

紀ノ川上の大峰は、熊野川の川上の聖地でもあった。先きにも述べておいたように、熊野川流域では、固有信仰は、河口の常世のカミ（熊野新宮）から川上の天つカミ（熊野本宮）へとその重点が移行しつつあった。しかも熊野川をどこどこまでもさかのぼっていった川上の聖地は、そのまま紀ノ川の川上の聖地、大峰山であったのである。

現在でも吉野・熊野とひとくちにいわれて、修験道の山岳信仰の霊場となっているこの地方は、平安時代にはとくに朝廷によって手厚い奉賽を受けている。

こういうわけで神武天皇の東征説話における熊野上陸の話は、その上陸地点がどこかなどとせんさくし考証するのはナンセンスなことであった。それはむしろ熊野信仰の原初形態と関連させて考えてゆかなければならない問題なのであった。

神武が上陸したという荒坂津《あらさかのつ》という地名は、カミの〝みあれ〟する場所を意味する、固有信仰上の聖地なのである（荒坂は、熊野の現地では神坂とよばれている）。熊野と大和を結ぶ神武天皇の進軍コースが、歴史時代を通じて吉野・熊野の霊山巡拝のコースとなっていることには、深い注意を払わなければならぬ。

要するに、神武天皇の熊野上陸と進軍の説話がものがたられたのは、熊野地方の信仰が〝海から天へ〟の道すじをたどって、ついに大峰を聖地とみなすようになっていたからだった。そこで、神武を吉野から出発させるためには、はるばると熊野川をさかのぼらせて大峰を越え、いったん吉野に到着させなければならなかったのであった。

熊野海岸は古典によれば、ことに常世のカミの信仰の根深いところであったのである。

川上から海への展望

柳田国男翁は日本の固有信仰のカミを目標として柳田民俗学の体系をうちたてられた。それについて牧田茂氏は次のように述べていられる。

日本で昔話に最初の科学的な光をあてたといわれる『桃太郎の誕生』にしても、昔話研究だけの本ではない。初版本の見返しは山口蓬春画伯の筆だが、山かげの泉に発して遠く海にそそぐ谷川の流れと、その向うに水平線の天とつらなっているところを、先生の注文で描いている。この絵が暗示しているように、桃太郎や一寸法師、瓜子姫のような昔話の人気者も、わたつみ(海)の国から波の穂をかき分けて渡ってくるのでなければ、清い谷川の流れに乗ってやってくるというのが、大昔からの約束であった。

その根底には、日本人の〝魂のふるさと〟〝神の国〟が、はじめは海のかなたに、のちには霊山のいただきにあるものとした古い信仰がひそんでいることに、先生は気づかれたのである。人の世の幸福も、人間の霊魂も、稲や火、ねずみのようなものまで、その海のかなたの他界からやってくる、というのが遠いわれわれの祖先の考えであった。

柳田民俗学も折口民俗学も〝海から天へ〟のカミ観念の変遷を説く点では、ほぼ一致しているのである。

Ⅶ カミガミの単純化

『古事記』『日本書紀』の膨大な八百万《やおよろず》のカミガミの名に迷わされる必要は少しもない。大まかにいえば、古代の村むらのカミガミは要するに唯一つの海神＝天神に要約できるのである。

そしてそれは天皇家の信仰でもあった。

宗像のカミ

朝鮮海峡のなかの沖ノ島や大島を神聖視した宗像《むなかた》神社（福岡県）も、〝海から天へ〟の変遷の例外ではなかった（『宗像神社史』）。

島の信仰は、いうまでもなく常世のカミの信仰である。沖ノ島の祭祀遺跡からは豪華で豊富な四、五世紀の遺品が出土している。古墳時代の前半期は海の信仰の盛期であったのである。

しかるに後になるとこの神社も、天つカミ信仰に転化した。海岸の宗像神社の辺津宮には、背後に宗像山があり、むかしから、宗像のカミが天降ってきたところと伝えられて、もっとも神聖な霊地とされている。

非常に古いむかしの、常世のカミまつりの時代には社殿はなかったのである。けれども宗像山の礼拝がはじまってから後になると、その山の麓に、いまの社殿を営むようになったものらしい。

しかも宗像山は前方後円の古墳であって、箱式石棺があり、出土の遺物も多く現存している。このような古墳の存在をどのように解釈するかは重大な問題だ（伊勢神宮の外宮の豊受神宮にも同じ現象がみられる。その背後にある神体山の高倉山の頂上には、三重県でいちばん大きな横穴式石室を有する古墳がある。七世紀半ばの後期古墳だ。〝天の岩戸〟と呼ばれて参宮客に礼拝されてきた。これは、後に述べる神路川の水源の滝祭窟《たきまつりのいわや》の水神信仰と、くっつけあわせて、日本神話の〝天の岩戸〟のものがたりのイメージの素材となっているものであろう。村国の政治支配者は同時に最高の司祭者であり、カミを体現するひとだったから、その遺骸をおさめる場所がカミ降臨の山に選定されることはあったのかも知れない。そしてそういう司祭者は水神を体現していたのだから、滝祭りの岩窟は、容易に司祭者の遺体の住むほらあなと直結して、民衆に意識されることもできたのであろう)。

そういう古墳の存在を計算にいれて考えてみると、宗像信仰が常世のカミから天つカミに転化した時期はどうもあまり古いことではないらしい。

固有信仰における〝海から天へ〟の変遷の時点を明確にする作業は、考古学の力をまたなければならぬ。民俗資料や文献はその点あまり役にたたない。

信仰に直結する古墳の意義や、六、七世紀に実存した川上の聖地(風土記に事例が多い)および神体山や神籠石《こうごいし》の研究は、民俗資料や古文献と結びつけて、もっと精力的に展開されなければならぬ。そこいらにポイントを置いて、日本でも神話考古学の領域が新たに設定される必要が、現にあるのである。それは神話の素材や、そのプロット構成の、実年代を明らかにするために、ぜひ必要な手続きなのである。

宇佐八幡

大分県の宇佐八幡は、奈良の大仏をつくるのを援助したり、和気清麻呂に託宣したりして、古代史のなかで大活躍をした。そのカミも、もとは常世《とこよ》のカミだった。

ここでは古くから六年目ごとに神像とカミの衣類とをとりかえる儀式があった。新しい神像が神殿の東の戸からなかへいれられると、古い神像は西の戸から出される。そして用のなくなったふるい神像は国東《くにさき》半島の南岸にある奈多八幡社へ移されるのである。この神社の前の、十数メートル沖の海上には小さな巌島があり、ここから竜宮城へうつすというので、神像を海中に流したのであった（竹内理三「殿下細工所織手」『日本歴史』七十二号）。まことに宇佐では、常世のカミを迎え入れ、そしてそれをまた海のかなたへと送りかえしていた事実はあったのである。

いっぽうまた宇佐には、馬城山の頂上に巨大な巌石の磐座があって、天降るカミを迎えていた。ここにも、定式通りの遺跡があるのだった。

カミの分化

常世のカミ＝天つカミが、古代の固有信仰の基本となる、カミそのものだったのである。そのカミは、居場所によって常世のカミ（海）・天つカミ（空）とも、山のカミ・田のカミとも考えられた。地上に降りたって村国の（大地の）守護霊とみられれば、それは国つカミ・国霊《くにたま》とも呼ばれた。そのカミは祖先神＝祖霊化された。また、カミの訪れる季節によって正月神とも盆の祖霊とも観念されたのである。

そういうわけで、もとは一つのカミ観念も、そのカミの居場所や、生産労働に伴う季節感などに伴って、次々に分化してゆき、ついにはカミの機能別に、独立した神格として村びとに意識されるにいたる。

こういうカミガミが全国各地の村国ごとに、それぞれ人格化・祖先神化されて、思い思いの固有名詞をつけられたのである。そういうことになれば、カミの名は全国的にはおびただしい数になるのは当然。それはほとんど無数といわなければならぬほど、多数神になってしまう。——そういうたくさんのカミガミが、それぞれの村国の代表者によって、大和の朝廷に服従の誓いのしるしとして捧げられ、都に持ちこまれていたのだから、大変なことになってしまう。そういうカミガミを日本的規模でもうらして、『古事記』『日本書紀』などの古典のなかに折りこんでしまうのだから、古代日本のカミは文字通り八百万《やおよろず》のカミガミになってしまうのは必定だった。

けれどもカミガミはやはり、その本質にさかのぼって還元してみると、根本は一つのカミなのだった。——これが、現在までの民俗学の成果をまとめていった場合の、見透し的な結論なのだ、ということはできるのであろう。

村国の首長たちが都に報告したカミガミの名は、記録され、カミガミの系譜のなかに折りこまれていった。その神統譜はもちろん、天皇の権威を誇示するためにアマテラスを中心にすえ、アマテラスを至聖にして至高のカミとし、これと血縁または従属関係のあるように、すべてのカミガミを排列したのであった。これが『古事記』や『日本書紀』のなかの神統譜である。

けれども、そういう国家的な神統譜に登載されなかった地方神ももちろんたくさんあった。それは平安時代に編集された『延喜式・神名帳』に、地方的な人格神や、まだ自然神そのままのカミの名が多く掲出されていることから推して、わかるのである。

村のカミ

もとは一つのカミを、地方国家のなかでも村里ごとに固有名詞をつけて呼んだ場合、いかにたくさんのカミの名が生産されてしまうかという端的な事例は、〝伊勢の大神〟地方国家(つまり伊勢神宮祭祀集団＝伊勢神宮の摂・末社群＝南伊勢・志摩の村むら)の場合に、実にはっきりと示されている。

〝伊勢の大神〟と呼ばれた南伊勢・志摩の地方国家では、常世のカミ＝天つカミを〝水神〟としてまつった。またその〝カミ妻〟(たなばたつめ)を神格化してまつった。それから、水神が田に降臨して穀物をみのらせるので、水神の神格から〝稲霊《コーンスピリット》〟という神格を分出している。

注　全国的な穀霊神の、代表とみなされている京都伏見の稲荷《いなり》（ウカノミタマ）にしても、背後の神体山に天降る天つカミであった。やはり穀霊神である豊受神宮の豊受姫のカミも、その発祥をたずねると、丹波（京都府）で八乙女《やおとめ》に奉斎される天降りの水神（天つカミ）にほかならなかった。

南伊勢・志摩の、かつての地方国家、つまり伊勢神宮の摂・末社群では、村里ごとにかならずこの三通りのカミをまつっているのである。これは『皇大神宮儀式帳』をしらべてみるとすぐわかることだ（ただし、集落がなく稲作をしない川上の聖地では、稲霊をまつっていない。この点、当然のことながら例外的である）。

しかも南伊勢・志摩では村里ごとにこの三通りのカミの呼び名が、たいていみな違っているのである。そういう多数のカミガミを、この地方（伊勢神宮祭祀集団）では独自に神統譜をつくって、たがいに血縁関係で結び、系統的な位置づけをしている。しかもこれらのカミの名は、もちろん『古事記』『日本書紀』には、たいてい記されてはいない。村の独自の神名なのである。たとえば儀式帳は、皇大神宮摂社棒原《すぎはら》神社のカミを天《あま》のスバル女《め》とし、その子の長口女《ながくめ》は皇大神宮摂社江《え》神社のカミとするなど。

〝伊勢の大神〟の地方国家は、その主神アマテラス（アマテル）を天皇家に捧げてしまった。そのカミは律令政府のつくった神統譜のなかで、あまりにも重大な地位を占めることになってしまったが、アマテラスを別ないいかたで表現したさまざまな名の村むらのカミは、律令政府の神統譜にいちいち登載するまでもなかったのである。

アマテラスの分身

カミに名をいちいちつけてみたり、そしてその名を記憶していたりするのは、元来は都の支配階級の、政治的な必要と趣味に過ぎないのであって、ほんとうの村里の民衆にとっては、それは関心事ではなかった。民俗学者の採集する村里のカミの名は、山のカミ・田のカミ・正月さんの類であって、固有名詞はいまでもついてはいないのである。

中央政府の趣向と、庶民の実際のカミ観念との、大きく裂けたへだたりのあいだで、その中間に位置を占めているとみなされる神名資料を、私はちかごろ見ることができた。そこでここに紹介しておきたい。それは、三重県志摩郡磯部町渡鹿野島の井村由蔵氏蔵『自《おの》凋嶋《ころじま》五社太神記録』（江戸期）にある次の記事だ。

天冨主媛尊　磯部神宮　天照太神分魂也
玉柱屋媛尊　同　天照大神分身也
天白狐媛尊　同　天照太神分身也

瀬織津媛尊　同　天照太神分身也
先後火寄子尊　同　天照太神兄弟也

つまり渡鹿野島にまつられている五つのカミは、ヒルコがアマテラスの兄弟にあたる以外は、みなアマテラスそのもの（分身）だ、と、磯部神宮（皇大神宮の別宮の伊雑宮）の旧記神書がのべている、と書きしるしているのである。

常世のカミ＝天つカミは、もともとは総括的な自然現象そのもののカミであった。そこでそれには太陽のスピリットという機能もふくまれていた。そういう太陽神は、はじめアマテルと呼ばれていたが、そのカミが昇華して、やがて天皇家の祖先神アマテラスにつくりあげられていったのであった。だから、アマテルをアマテラスに進化させる母胎となった伊勢神宮祭祀集団の、その志摩地方において、村里のカミをすべてアマテラスに帰一せしめようとする心意が働いているのは、大いに理由のあることなのであろう。これはかならずしも勝手気ままにこじつけて主張しているのではなくて、むしろ古いカミ観念の残留なのだ、と私は観察せざるをえないのである。

志摩には、皇大神宮や豊受神宮のある宇治・山田地方のようにはふるい記録はないけれども、それでも江戸期の地図・記録や、いまでも村びとが信じている民間伝承を集めてみると、僻地であるせいか、かえってたいへんふるい信仰が根強く、ゆがめられずに保存されていることがわかる。五十鈴川すじの古代信仰は古文献によって復元できたが、志摩半島の神路川すじの古代信仰は、五十鈴川すじの事例にならいながら、民間伝承によって復元しなければならない。そして、そういう民間伝承の地域的な体系化という作業が可能なほどに、豊富な民俗資料がそこには現存しているのである。

この川すじは五十鈴川すじとともに、日本神話のふるさととみなされるので、一わたり目を通して置かねばならぬ。そこで磯部町の、神路川すじ——伊雑浦——的矢湾の沿岸をしらべてゆこう。まず、海辺から農耕地帯へ、それから川上の聖地へとさかのぼって、順次に観察していくことにしよう。

Ⅷ　神路川をめぐって

民俗の宝庫〝志摩〟こそ、神話の里。日本神話の原型となった村国《むらぐに》の神話（民間伝承）が、もれる素材もなく豊かに温存されていた――。

志摩国

志摩国はもっとも狭小な国の一つで、令制《りよう》の下国だ。その領域は現在の、志摩半島の鳥羽市と志摩郡の五カ町にあたる。

古典には「御饌《みけ》つ国《くに》、志摩《しま》」とよばれ、海産物でしたしまれた。「伊勢島《いせじま》の海人《あま》の刀禰《とね》らが焚《た》く火の気」と『神楽歌』にうたわれているように、伊勢と志摩とはひとつづきの国としてひとくちに表現されることが多かった。それは志摩が伊勢神宮の神領だったせいもあるが、伊勢より以上に魚貝の豊かな国として、朝廷から重視されていたせいでもあろう。

そういうわけで志摩は漁業の国であり、また伊勢神宮と深いつながりのある国という特色がある。

だから志摩の古代史は、磯部町にある伊雑宮《いぞうぐう》を中心に展開している。この神社は志摩の漁民の崇拝の的で、アマテラスオオカミをまつり、皇大神宮の別宮なのだ。なにしろ江戸時代のはじめには僧潮音が『旧事大成経』を偽作して、皇大神宮と本家争いをしたほどの大社で、そのころ刊行されたとみられる『伊勢二社三宮図』は注目すべき史料だ。皇大神宮と伊雑宮に関する古代信仰の伝統が、図面のなかからよく読みとられる。このほか町の旧家が私蔵している江戸期の文書記録は『皇大神宮領伊雑御浦諸末社記』など多くあり、伊雑宮の神官や御師（布教師）の関係史料がめだっている。

オノコロ島

的矢《まとや》湾と伊雑《いぞう》浦とはひとつづきになった入り江で、たいそう細長く、内陸深くまで湾入している。この入り江に神路《かみじ》川が流れ込む（神路川は天の岩戸とも滝祭窟《たきまつりのいわや》ともよばれる洞窟にその源を発し、そこには高天原という、山の傾斜面がある。またそのような川上の聖地である山峡の入口には日向《ひなたご》郷という地名がある）。

その的矢湾の湾口部は、五十鈴川口の場合とおなじように日輪（アマテラス）最初降臨之地と信ぜられていた。『伊勢二社三宮図』にそういう記載がみられるのである（最近刊行された『磯部郷土史』には「古書旧記凡て伊雑湾口を指して日輪最初降臨の地と称する」と記している）。

的矢湾と伊雑浦のあいだの、両湾のくびれ目には、潜島《くりじま》というせまい海岸があり、そこにある海底の岩は亀島《かめじま》と記されている。里人はこれを神島《かみやしま》とも呼んで神聖視している。伊雑宮のなだかいお田植え祭には、それに奉仕する男女全員が、まつりの前日にこの岩のほとりに舟に乗ってやってきて海中に潜って垢離《こり》をとった。このみそぎを〝潮《しお》かけ〟と呼んでいる。ふだん舟乗りたちはこの岩にちかよることを恐れ、櫓がそれにふれると目がつぶれる、といっている。

湾口近くの湾内にある渡鹿野島は、安乗・的矢の両港とともに風待ちの避難港として江戸時代から繁昌している。渡鹿野島には、古くは人家はなかったらしく、『自凋嶋《おのころじま》五社太神記録』によると、この島は、イザナギ・イザナミが最初につくったオノコロ島だ、と伝えられている。（日本神話によればイザナギとイザナミとはまずオノコロ島をつくり、そこに降りたって、ヒルコ・淡島・八島やカミガミを生む）。

伊雑宮と青峰

伊雑宮《いぞうぐう》は『延喜式』によれば粟嶋坐伊射波《あわしまにますいさわ》神社と記され、淡郡《あわのこおり》（志摩半島の古いよび名）のなかでもとくに粟嶋とよばれた地域に鎮座している。その小地名は、いまでも伊雑宮とその北東にそびえたっている青峰《あおのみね》山とのあいだに「青《あお》」という小字名《あざな》となって残っている。

青峰はいまでは仏教化されて、山のいただきに正福寺があり、漁民の崇敬の的になっている。けれども元来は、この山は伊雑宮の神体山であった過去があるらしいのである（正福寺の本尊は太平洋に臨む相差《おうさす》の海岸に、海のかなたから、黄金の光を発しながら寄りついて上陸した仏像といい、毎秋の御船《みふね》まつりに漁民が参詣してにぎわう）。

山頂には倭姫がアマテラスを鎮め祭ったという巨石があり、天跡山とよばれている。中腹には一きわめだって巨大な岩があり、長者《ちょうじゃ》の岩《いわ》とよばれている。その岩の下にある滝は野川《のがわ》（神路川の支流）の水源にあたり、その流域の村びとはひでりのときにはこの滝で雨乞いをする。また山麓にも巨岩があり、そのほとりは長者《ちょうじゃ》の屋敷《やしき》とよばれ、ここからは以

青峰と伊雑宮とサミナガ神社の森

伊雑宮本殿

前に土器がみいだされたということだ。長者の岩とか長者の屋敷とかいう名は、信仰の霊地にしばしばつけられる地名なのだ。

このような巨石の配置関係をみると、それは大和の三輪山の場合とまったく符合している。三輪山はなだかい大三輪神社の神体山で、山頂と中腹と山麓に巨石があり、それぞれ奥《おき》つイワクラ、中《なか》つイワクラ、辺つイワクラとよばれている。カミはこの三つの岩を三段飛びに伝わって、天から平野へ降ってくるのだ。

青峰という名は粟＝淡の峰の転訛したものと説かれていることでもあるし、この山を伊雑宮の神体山と推定して間違いはあるまい、と信ぜられる。天跡山・長者の岩・長者の屋敷は、それぞれアマテラスがよりついて順次に天降ってくるためのイワクラであっただろう。

ススキの穂

この伊雑宮のカミは原始信仰の多面的な姿をみせてくれる。このカミが海のかなたから訪れる常世のカミでもあり、空から柱をつたわって地上に降臨する天つカミでもあった事実は、この神社のお田植え祭の施設をみるとよくわかる（筑紫、前掲書、X）。『日本書紀』の神功皇后の条にあらわれるこのカミの名は、たいへんややっこしいものだ。そのカミの名を解説すると、原初のこのカミの姿がよくわかる。『日本書紀』には「幡《はた》荻穂《すすきほ》に出し吾《あ》れや、尾田吾田節《おたあたふし》の淡郡《あわのこおり》に居る神」その名は「稚日女尊《わかひめのみこと》」と記されている。

幡《はた》とは、荻《すすき》の穂《ほ》が細長い旗の形をしていることを表現したものであろう。そういう細長いかたちの旗は、いまでも神社やカミまつりの祭場にたてられているが、それはカミがそれによりついて降臨するためのめじるしであった。荻《すすき》の穂《ほ》は旗のかたちをしている。そういうものこそ、カミがよりついて姿をあらわすための依代《よりしろ》（カミの座席）と信ぜられていたものである。

　従ってこの文章の大意は、「荻の穂に姿を示現したわたしは、淡郡、つまり伊勢の国の淡郡（いまの志摩半島）に居るカミなのだ」と、カミがみずから名のりをあげていることばなのである。

　また、「尾田《おた》」は伊雑宮のすぐ南がわの小地名で、伊雑宮の外宮にあたる佐美長《さみなが》神社の所在地の名である。だから『延喜式』には佐美長神社の名を神乎多《おた》乃御子神社と書き記している。「吾《あ》」は正確にはわからないが、たぶん英虞《あこ》の意味だろうといわれている。そうだとすれば、それは志摩半島の南半分の地名。「田節《たふし》」はあきらかに答志《とうし》のことで、志摩半島の北半分の地名だ。そこで尾田・吾・田節とは、要するに淡郡のなかのおもな地名をよみあげているに過ぎない。

　ところでススキの穂にカミが姿をあらわすという事例はここだけのものだろうか。否、もちろん他の地方にも、その例はある。

長野県松本市の東郊には須々岐宮《すすきのみや》(薄宮)があり、その社殿のそばには〝片葉《かたは》の薄《すすき》〟の生い繁った場所があって、これが神体だといいつたえられている。このカミは、山奥の穂《ほ》屋《や》という野原に降臨し、そこにまつられていたが、のちに薄の葉でつくった船にのって薄《すすき》川《がわ》を下ってきて、いまのところにまつられた、という(堀一郎『民間信仰』)。

垣にかこまれた一群れのこのすすきの原が、カミそのものとみなされて神聖視されていた気持ちは、伊雑宮の場合とまったくおなじであったのだ。ことにその薄がただのすすきではなくて、カミの神体となる尊いすすきであった証拠には、その形状が特別であった。片方のがわにだけ葉が生える、珍しいかたちの、片葉のススキであったのだ。

長野県の片葉のススキに類似した、片葉《かたは》の葦《あし》の伝説ならば、全国の各地にたくさんある。伊勢でも〝片葉の葦〟を神聖視する気持ちはあったのである。

イセの浜荻

二見の浦の三津という村では、田のなかの一郭をことさら耕さずに、空地として残している。そしてここには片葉の葦が繁茂しているのである。どういうわけなのか実際にむかしから、茎の片方のがわにだけしか、葉はついてはいないのである。そして有名な〝イセの浜荻《はまおぎ》〟とは、これのことだと伝えている。この付近には浜荻という地名もある。

『万葉集』に「神風の伊勢の浜荻折りふせて、旅ねやすらむ荒き浜辺に」という歌がある。

浜荻とは葦《あし(よし)》の異名なのだ。嘉応二年（一一七〇）の『住吉社歌合』には「伊勢島《いせじま》にははまをぎと名づくれど、難波《なにわ》わたりにはあしとのみいひ、あづまの方にはよしといふなる」とみえている。

葦《あし》＝荻《おぎ》＝荻《すすき》はそういうわけで、信仰的にはまったく同一の感覚の植物だった。このようにして伊勢島（伊勢・志摩）に生い繁っていた〝幡荻穂《はたすすきほ》〟の荻《すすき》とは、浜荻《はまおぎ》、つまり水辺の葦《あし》であったとみなされる。

神武天皇がイスケヨリヒメと結婚したときに、天皇は「葦原の、しけしき小屋《おや》に、菅畳《すがたたみ》、いやさやしきて、我が二人寝し」とうたった。そして、菅畳をしくという行為には、海のカミの妻になるという気持ちがある、と上田正昭氏はその著『日本武尊』のなかで述べられた。この歌の舞台は『古事記』によれば奈良盆地のなかの川辺なのであるが、実際にはこの恋歌には、どうも海辺の漁民の信仰事実が反映しているように、私には思われてしかたがないのである。

五十鈴川すじでも神路川すじでも、海水の流れこむ入り江は内陸の奥深く湾入していて、その海辺や川岸にはひろびろとした葦原がつづいていた。河流の沖積作用が進んだいまでも、水田と化した低湿地に、なおも葦が稲田に入りまじっていたるところに繁茂している状態だ。そのようにいまでも残っている葦原を眺めていると、千数百年前の、海岸や川ばたの景観は、まぶたのうちにありありと復元される。

それは「豊葦原の瑞穂の国」「葦原の中つ国」のイメージだ。

葦原

大和の朝廷が〝大いなるニッポン〟をいいあらわすときの国号は「大倭《おおやまと》」「大日本《おおやまと》」なのである。大和《やまと》（奈良県）という小地域に成長した天皇の朝廷が日本全国を統一し支配するようになったとき、大いなるニッポンは〝おおやまと〟と呼称された。それはたいへん自然ななりゆきだったのである。

けれども大いなるニッポンには、またそれとは別個な呼称のあったことが古典のなかにみえる。それが「豊葦原の瑞穂の国」「葦原の中つ国」という二つの国名だ。

青峰山と神路川

この呼び名のおこりはきわめて固有信仰的である。ことにそれは海部《あまべ》（大和朝廷に服属した漁民の集団）のもっていた原始信仰の臭いがする。つまり、この呼称からは磯の香がただようのである。とりわけ南伊勢・志摩の海民、つまり磯部《いそべ》たちがもっていた固有信仰の、その気分が色濃く反映しているように私には思われてしかたがないのである。そこで葦原ということばについての信仰的なエレメントを、少し追求してみることにしよう。

五十鈴川すじの水田地帯のいちばん奥は中村という村で、皇大神宮のすぐ下手に当っているが、ここに葭原《あしはら》神社がある。これは皇大神宮の末社だ。水のカミや穀霊神などをまつっている、九世紀はじめの『儀式帳』に明記されている神社だ。

ところがこれは十世紀はじめの『延喜式』には荻原《おぎはら》神社とみえ、葭《あし》はその文字のまま葭《おぎ》と読まれていたものらしい。江戸時代の神宮学者は「いづれにまれ、葭原荻原同訓と見ゆ」といっている。荒木田経雅《あらきだつねただ》は『大神宮儀式解』のなかに「葭と荻とは古《いにしえ》互に通はし用たれば」と記している。

このようにみてくると、伊雑宮のカミのやどった荻《すすき》も、どうやら葦であったらしいことはわかる。実際のところ、「荻《すすき》」が葦であれススキであれ、そのどちらであろうとも、葦原とススキ原とは湿地帯のなかでは、くっついてつながりひろがっているものなのである。しかもその二つの植物は形状がひどく似ている。葦原は海水と淡水の入りまじる水辺にひろがり、それが陸地につながってゆくとススキ原にかわる。そういう実際の景観を眺めて

葦のある風景

いると、原始・古代の感覚を身につけた人びとがススキと葦とを混同したり、あるいは進んで同一視した気持ちというものは大いに納得できるのである。

葦でもススキでも、その〝穂〟がたいへん問題にされる。カミはその穂に示現するのだ。そういうことになると豊葦原の瑞穂とは、まさにカミの幽現（影向）する葦の穂をたたえることばであったことがわかる。それは従来なんとなしに思いこまれていたような稲穂では、なかったのであった。

海のかなたから波の穂をふみわけて海岸に訪れてきた常世のカミは、葦原の中の〝ゆかわだな〟で〝たなばたつめ〟と一夜の共寝をする。先きにのべた神武天皇の恋歌は、そういう場面の抒情であったのだ。

海から眺めやられる、いちめんに繁茂する葦原にとりかこまれた陸地。——その海辺の葦原のなかに、カミ妻の待ちうける〝ゆかわだな〟がたけの高い葦に埋もれるような恰好で建てられている。このような古代の浜辺の景観をながめた、訪れてくる常世のカミの感懐は、おそらく陸地こそ葦原の中つ国であったのだろう。

常世のカミが訪れ、福を与え、支配すべき陸地という信仰的な観念が、村国を豊葦原の瑞穂の国、葦原の中つ国と呼称させていたものなのであろう。そういう呼び名を海の生活者たちが都に持ちこんで、神話のなかの〝大いなるニッポン〟の呼び名に転化させたのであろう。

このような理解のもとに古典を吟味してみると、この二つの呼び名は、朝廷のなかではよほど新しく採用されたものらしいことがわかる。どうもそれは、七世紀も終りに近い天武・持統朝になって、はじめて宮廷のなかで有力に使われはじめたものらしい。つまり南伊勢・志摩の海民である磯部たちが、壬申の乱（六七二）ののちに、急速に天皇に接近してから以後の宮廷用語であるらしい。

このようにみてくると、五十鈴川すじに葭原《あしはら》神社があり、またそのそばに葦立《あしだ》弖《て》神社（楠部《くすべ》むらにある皇大神宮の末社で、〝たなばたつめ〟を意味する玉移《たまや》良《ら》比女《ひめ》をまつる）があることは、〝大いなるニッポン〟を葦原の国と呼ぶ事実と思いあわせてみて、深い関係があるように思われてしかたがないのである。記して後考を待つことにしたい。

海豚の参宮

伊雑宮のカミは、そのむかし、海豚《いるか》であると考えられていたらしい。伊豆の大島の波浮《はぶ》港に住む坂口一雄氏が、「海豚のイソベサマ詣り」という伝説を報告している（『民間伝承』十五巻十二号）ので次に引用しておこう。伊豆の新島の話である。

昔漁に出た処さっぱり漁がない。船方衆《ふなかた》は帰ろうというに、船頭は「もう一日まで、もう一日まで」と一日のばしに待たしたので、船方は怒って船頭を碇に縛り海に落して帰ってきた。船頭の家にゆき、「海が荒れて船頭を落してしまい、まことに申訳ない」というと、カカァ（船頭の女房）が「できてしまったことはしょうがない。まあオキアガリに一杯のめ。あいにくと肴がなにもなくて、これででも」といって隣の室から盤の上にねかしてある船頭を出してきた。船頭は日頃イソベ様を信じていたので、丁度イソベ様にお詣りに行くイルカに助けられて帰ってきたのだという。

イルカは旧二月中にイソベ様へ詣るものだと伝えられている。またイルカに追いかけられたとき、「俺はイソベサマのオマモリを持っている」といえばよいともいう。イソベサマは伊勢だといい、そこでは人を喰った鮫《さめ》は、波にころがされて出られなくなるという。

伊勢のイソベサマとはもちろん伊雑宮のことである。志摩の現地の人びとにはいまでも志摩を伊勢にふくめて表現する場合がたびたびある、のである。

この話はイルカをカミそのものとはみなしていない。けれども、元来は、このように群れをなして海岸に訪れてくる海の動物は、常世のカミそのものの訪れと思われて、そのように意識して里びとに迎え入れられたらしいのである。

『古事記』の、神功皇后の条には次のような記事がある。「朝鮮征伐ののち、応神天皇が福井県の敦賀へいったところ、その土地のカミが「私の名を差上げたい」といったので、天皇はよろこんで承知し、そのカミの名をなのることにした。するとカミは「名を上げたしるしに、贈りものをしたい」という。明朝、天皇が海岸に出てみると、鼻を突かれて傷ついたイルカの群れが浜辺いっぱいにひきあげられていた。これがカミの贈りものの御食《みけ》(贄《にえ》＝たべもの)だったのだ。皇大神宮の贄の海の神事に、土公《つちぎみ》らがカミのよりついた魚をたべたのは、土公らがカミとしての資格を整えるためだった。天皇が福井県の君《きみ》たる資格を併せ得るのには、地域の守護神であるイルカをたべなければならなかったのである。

ついでに付記すると、『古事記』のイルカの話は次のようにつづく。このとき、母なる神功皇后は、応神天皇に酒をのませて次のような意味の歌をうたうのであった。

この酒は私がつくった酒ではない。常世のカミ＝海辺の立石《たていし》によりついているスクナヒコナのカミが、あなたを祝福するためにつくった酒ですよ。さあ残さずにめしあがれ。

浜辺に廻游してくる鯛（南伊勢）やイルカ（志摩や福井県）には、村国の守護霊（常世のカミ）がよりついていた。いわばその海の生物がカミそのものだったのだ。天皇が常世のカミそのものであるイルカをたべ、常世のカミの贈りものである酒をのみ干すことは、福井県を支配する海神の神格を応神天皇がその身につけることであった。このような事実のつみかさねによって、天皇は全国の村国のカミをその一身につけ、日本全体の大君《おおきみ》たる資格をそなえることができたのである。

太平洋の七本鮫

イルカの話は伊豆の新島に伝えられていた伝説だが、志摩の現地では、伊雑宮に訪れてくるのは鰐鮫《わにざめ》の群れだと信じられている。

旧暦六月二十五日には太平洋のかなたから七匹の鮫が游泳してくる。それは的矢湾・伊雑浦を経て伊雑宮までやってくるのである。その鮫たちは、途中、亀島《かめじま》にかならず立寄るのがしきたりだ、という。

注　亀島は神島《かみやしま》とも呼ばれる。海底の岩だ。それは潜島《くくりじま》という名の海岸にある。潜島の名称は

『伊勢二社三宮図』にみえる。五十鈴川口の神崎と同じ名が記入されているのである。五十鈴川すじと、神路川―伊雑浦―的矢湾すじとの、信仰の同似性を示している。その位置は、リヤス式海岸の入り江が極度にせまくなって、的矢湾・伊雑浦を区分する狭隘部に当っている。

この潜島は五十鈴川口の場合と同じく、カミの〝みあれ〟する場所であった。伊雑宮のお田植え祭に奉仕する男女の全員がここで海中にはいり、垢離かきをしている。それは田に来訪する常世カミがこの海中で誕生していたもの、と解せられる。男女の垢離かきとは、海中で誕生するカミの御生《みあ》れをたすける、あれおとこ・あれおとめの行為であったであろうし、それはまた同時に、彼らがカミの代理者たる資格を身につける行為でもあったのであろう。

鮫が潜島の亀島（岩）に立寄るのも、陸地を訪れる常世のカミの、〝みあれ〟の行為と深いかかわりあいがあると信ぜられる。亀岩は立石《たていし》・沖魂石《おきたまいし》の類だった。

鮫は重さ約三百貫ほどの大鮫を先頭に、七匹が群れをなしてくるので、人びとは〝太平洋の七本鮫《しちほんざめ》〟と呼んで、恐れている。鮫を迎えた伊雑宮の禰宜《ねぎ》は、御酒などを与えて接待するのだと噂され、鮫は一泊して、翌二十六日にはふたたび海のかなたへかえってゆく、と思われている。

だから志摩一帯の海女《あま》は、この両日はいかなる大漁があろうとも海には絶対にはいらない（海にはいって鮫の害を受けないため、ともいう）。普通のひとが七本鮫の姿をみた場合には、命を失うといわれている。

延宝七年（一六七九）の『皇大神宮領伊雑御浦諸末社記』は、カミの「御使鰐海宮より往還して磯の辺に至り、祭日毎に必ず海に大浪おこって御祭波《ごさいなみ》たつ。この儀今に不レ差」と記している。

くりかえすようだが、鰐とも鮫とも表現されている、この、来訪する海の動物は、カミの使いと思われたのは後世の感覚であって、かつては、実はカミそのものであった。それは皇大神宮の〝贄の海の神事〟における小鯛の場合を考えてみても明らかなことだ。

因幡の白兎

鰐といえばすぐに思いだすのが因幡（鳥取県）の白兎のものがたりである。八島国《やしまぐに》のなかでは妻を求めかねて、越《こし》の国まではるばると妻訪《つまど》いに出かけていったエネルギッシュな青年の大国主《おおくにぬし》は、因幡の海岸で、皮をむかれて赤裸の白兎にあう。白兎は隠岐の島から本島へ渡るとき、鰐をだまして利用したので、こらしめにあっていたのである。神話のなかの鰐とは鮫のことなのだ、と普通には考えられているが、志摩でも鰐と鮫とは同一視されていたのであった。

この『古事記』のなかのものがたりは、要するに、常世のカミと天つカミの話なのであった。鰐は常世のカミ、兎は天つカミなのである。

山形県の羽黒《はぐろ》山で正月に行なわれる松例祭《しょうれいさい》に、山伏たちがその業《わざ》を競う験競《いさかしくらべ》という行事がある。修験者たちは掛け声もろとも宙を切って飛ぶのであるが、その審判は白兎の姿をした子供が勤める。京都府の貴船神社ではカミに捧げる供えもののなかに、造りものの兎がある。山のなかに住む兎（や猿や蛙などの動物たち）は、天から山に降ってくる天つカミの、いわば依代《よりしろ》と考えられていたのである。

鰐と交渉を持ちながら兎が島嶼から内陸に移り住もうと企てた説話には、カミが海から山へとその住みかを移していった信仰変遷の投影が認められるといえるのではあるまいか。

蛇と豊玉姫

鰐は九州を舞台にした日本神話のなかでも、山幸彦《やまさちひこ》を竜宮から陸地にまで送りかえして活躍している。また神武天皇の祖母の豊玉姫は鰐であった（『古事記』によれば鰐、『日本書紀』によれば竜）。

海のかなたの常世のカミは、小鯛（五十鈴川すじ）・鰐鮫《わにざめ》・海豚《いるか》（神路川すじ）など、海の動物の姿となって来訪したのだが、そういう海のカミはまた、蛇（＝竜）の姿をしてあらわれるとも信ぜられていたのであった。

先きにも述べておいたように、五十鈴川の河口の飛島にすむ大蛇は、一年にいちど、神崎を訪れると信ぜられている。それはむかし、蛇（竜）そのものが常世のカミと思われていた信仰の残映なのであった。

一対の蛇をカミとカミ妻とにみたてる伝説は、伊勢・志摩の海岸では、めだった島や岩にはたいてい付着しているといってよい位に、豊富に残っている。神聖な蛇（大蛇、白蛇）の伝承はおびただしいのである。

古典にみえるヒコホホデミと豊玉姫（竜＝蛇＝海神）の結婚、そしてウガヤフキアエズの誕生譚は、その神話の素材となる信仰事実ならば全国各地にいくらでも存在していた。それは九州でも志摩でも、その他、全国のどこにでも、そのむかしにはもっとも普通にみられていた原始信仰であったのである。それだからこそ志摩でも、海の信仰の豊富な浜島の海岸に、豊玉姫の説話の、それそのものの史実があったと伝承し、主張することができたのである。浜島にはそういう民間伝承が現にあるし（豊玉姫は蛇となって海を渡ったという）、『伊勢二社三宮図』には、そういう豊玉姫の神話ものがたりを裏書きする記載があるのである。すなわち、陽宮——火火天孫大神、陰宮——豊玉姫天神の社地が記入されている。

注　豊玉姫が夫のカミと別れる時に泣いて別れた涙は、血のかたまりとなって海に流れ、これが凍って真珠の玉となったという伝説が、浜島にはある。

古典の日本神話のなかで、天孫ニニギが南九州に降臨するように創作されたものだから、豊玉姫のものがたりも南九州の話にされてしまった。アマテラスの誕生地が日本神話のなかでは筑紫の国（九州）にされてしまったのも同じ理くつからである。けれども、もちろん、そこにはその事実を裏付けるに足るだけの価値ある古伝承があるわけではない。

もっとも、海幸彦《うみさちひこ》と山幸彦《やまさちひこ》が争って、山幸彦に負けた海幸彦が俳優《わざおぎ》になる、という記事は、たしかに南九州の土着の伝承だ、と私も思うけれども。

むしろこの神話の本質は海人《あま》の持っていた話題。あながち南九州の隼人《はやと》が都にもたらした素材とのみには断定できない。

宮廷神話の創作に、伊勢・志摩の海人の果した役割が大きい、という前提にたって考えてみるならば、神話の世界の豊玉姫の恋愛譚が、伊勢・志摩の信仰・伝承と無縁であるとは思えない。とにかく、伊勢・志摩の海民のあいだには、豊玉姫のものがたりの素材となる信仰があったことは事実だった。そのうえ、伊勢・志摩の海辺では、そういう信仰事実（神話の素材）が発展し確定して、ついには宮廷創作の豊玉姫のものがたりそのものの現地とまで主張する伝承地が成立していたのであった。

志摩の浜島の豊玉姫のものがたりは、けっしてたんなるコジツケといえるものではなかった。それが成立するだけの事情はあったのである。

八島国

因幡の白兎の説話にしても、その話のあったという地元の『出雲国風土記』には記載されていない。『日本書紀』にも、ない。伊勢の磯部の民が関係した『古事記』のなかにだけ出現してくる話なのである（因幡には白兎の説話が遺存しているが、それは風土記の記事かどうかわからない。しかもそれは明らかに『古事記』の説話・文辞にもとづいて、加筆されている。だからその土地の古伝承とは認められない）。

そういうことになると、この因幡の白兎の話は、実はきわめてかぎられた小範囲の人たちによって作られ、知られていたものがたりなのであった、と判断しないわけにはゆかないのである。これはどうみても、大和の宮廷のなかで、伊勢の海部《あまべ》出身の神話創作者（猿女君）が生みだしたフィクションであった。

大国主《おおくにぬし》は出雲国（島根県）のカミだけれども、八島国《やしまぐに》のなかでは妻を求めかねて越《こし》の国へまではるばると求婚に旅立った。越の国とは北陸地方のこと（異説もある）。

この八島国はもちろん〝大いなるニッポン〟ではない。それは日本神話の中では、オオクニヌシのいる出雲地方の国の名とされているのであった。日本のなかに、八島国や越の国などがあった……というわけだ。

　しかしながら元来は、八島とは、実はカミの訪れる島の名であるに過ぎない。しかも、それをもとにして八島という国の名を意識したのは、南伊勢・志摩の海民たちの地方国家であった。オオクニヌシの求婚譚の素材となったものは、多分に、南伊勢・志摩の海人《あま》（磯部や猿女）の固有信仰であった、とみなさざるをえないのだ。その理由はこうだ。

　オオクニヌシが越のヌナカワヒメと交換した恋歌とは、実は、海人《あま》が天皇の宮廷に捧呈していた寿歌《ほぎうた》であったのである。

『古事記』に登載されているその五首の恋歌は「此れを神語《かむがたり》と謂《い》ふ」とあり、長い歌詞の末尾には「天馳使《あまはせづかい》、事《こと》の、語言《かたりごと》も、是《こ》をば」という句が付けてある。

「事の、語言も、是をば」の句は、『古事記』の雄略天皇の条にある三重の采女の天語歌の、末尾につけられた句と同じ。しかもそれは伊勢の海部が天皇に捧げていた寿歌だった。アマハセヅカイとは、海部が天皇の宮廷に差出していた召使いのことなのだ。海部は島根県にもいた。しかしけっしてそれは有力な存在ではない。古典のなかに大きく、寿歌を登載させるほどの影響力があったとは思われぬ。なぜなら島根県の豪族の出雲国造《いずものくにのみやつこ》は、けっして海部ではなかったのだから。

　このオオクニヌシとヌナカワヒメの恋歌は、出雲地方の国の話として登載されてはいるけれども、実は南伊勢・志摩の磯部たちが宮廷に捧げていた寿歌であった。そのように私には推測されるのである。

白兎の話にしても、そして一連のこの寿歌にしても、伊勢・志摩の海民の出身者によってまとめられた『古事記』にだけのせられている。他の中央・地方の古典（『日本書紀』『出雲国風土記』など）には、不思議に出てこないのだから。

角川書店編『日本の名著』は、『古事記』について次のように解説している。

太安麻呂に自分の伝承をものがたったという阿礼《あれ》は、天照大神の孫の降臨にもっとも活躍した猿女君《さるめのきみ》の子孫だった。

代々の猿女君は語部《かたりべ》として天皇に奉仕していた。

古事記の編集にあたって、猿女君が伝えていた物語を忠実に記録したという態度が、すでに序文に明確……

このような性格をもつ『古事記』にだけ出てくる話は、彼ら伊勢の海人が都にいて、創作し口誦した話と思わざるをえない。しかもそういう神話の素材となったものは、一次的には伊勢・志摩、二次的には全国各地の話題（信仰的事実など）であったのだろう。

神話の創作

『出雲国風土記』によれば、島根県にも葦原社があった。信仰的な名称なのだから、伊勢・出雲その他、あまねく全国の各地にありうるわけだ。八島という地名についても同様なことがいえよう。

豊玉姫のものがたりの素材も、それはカミとカミ妻とを蛇・鰐にみたてる原始信仰なのだから、伊勢・志摩にかぎらず、全国にあまねく存在していた。しかし『古事記』のなかの因幡の白兎の神話を吟味してみると、その舞台は山陰地方でありながら、実は、伊勢の海人が宮廷のなかで創作したものがたりであることがわかったように、日本神話の整形に当っては猿女君の手の加わった部分は相当に多いと信ぜられる。

それは『古事記』だけにとどまらず、『日本書紀』の内容についても多分にそうである。だから、八島にしても豊玉姫伝説にしても、伊勢・志摩の現地にある、かなり古い伝承というものは無視するわけにはゆかない。

神話の創作と整形に当った猿女や稗田阿礼らにとっては、壮大な日本神話のイメージは、やはり常に、伊勢・志摩の山河に還元されるのだった。

たとえ伊勢・志摩以外の地方から都にもたらされていた素材であっても、神話のなかにそれを位置づけるのに際しては、どのようにかじぶんのふるさとの島山や、それにまつわる神事伝承にヒントを求めずにはおれなかったであろう。

ことに八島のように、神歌にうたわれ、はっきりとアマテラスの皇大神宮に直結している神聖な島であってみれば、それが大八島の国名の起源である可能性は著大であった。猿女にとっては一次的には日本神話のふるさとは伊勢・志摩である。他の地方から都にもたらされた神話素材も、猿女にしてみれば、じぶんたちのふるさととの信仰とイメージの合致するものはとりあげやすく、整形もしやすかったことだろう。

猿女・稗田氏によって創作し整理された日本神話は、どうみても神話のふるさとはたしかに、一次的には伊勢・志摩、二次的には全国の各クニといえるのだろう。だからこそ創作神話は伊勢・志摩の人ばかりでなく、当時の宮廷や、全国の人びとをも宗教ムード的に納得させる力を持つことができていたのである。日本神話のなかみに普遍性がそなわったのである。

八咫烏

伊雑宮には八咫烏《やたがらす》の伝承もある。それは日本神話のなかの八咫烏の伝説と同類のものだ。『皇大神宮領伊雑御浦諸末社記』は伊雑宮について次のように述べる。

日の神のましますに於レ祠、天上より必、八咫烏来りて、直に正月の御供を請て持上り、日の神に奉る事、今に於て其の例違はず。

正月には八咫烏が伊雑宮へ飛んできて、お供えものをくわえて天にかえり、太陽にとどけるというのだ。

日本神話のなかの八咫烏伝説の、その直接的な素材となった事実は、あるいはこういう、南伊勢・志摩の現実であったのかも知れない（そして二次的には和歌山県の熊野の信仰事実が登場しているのだろう）と私には思われる。

そのように思ってみるだけの根拠は、もちろんある。それというのは、八咫烏に神武天皇の遠征軍を案内するよう指令したのは、『古事記』によると高木のカミとアマテラスであったからだ。高木のカミとは、元来、プレ・皇大神宮たるツキサカキのカミで（筑紫、前掲書、Ⅸ）、アマテラスとはもとをただせば高木のカミの巫女（カミ妻）であったからだ。紀伊（和歌山県・三重県）の熊野に上陸した神武天皇は悪いカミの毒気にあてられて苦しむのであるが、そのときカミの託宣を受けて神武天皇を援助するひとは、高倉下《たかくらじ》という名のひとだった。高倉下とは皇大神宮の〝心《しん》の御柱《みはしら》〟を意味する名であったかも知れぬ。皇大神宮の神殿の建物は、もともとは稲をおさめる穀倉がその原型となっていると説かれている。そしてその高倉建築の神殿の下には、カミのよりつく柱（心の御柱＝高木のカミ）がたてられているのだ（川添登『民と神の住まい』、筑紫、前掲書、Ⅳ）。

八咫烏というのは固有名詞ではない。普通名詞であって、もともとはカミ（またはカミの使い）たる鳥のことであった。太陽神の使いと思われている鳥は、ふるくは太陽神そのものと信ぜられていた。

このようにしてかれこれ考えあわせてみると、熊野から吉野へ侵入する際の神武東征ものがたりにも、どうもたしかに、南伊勢・志摩の海民の信仰事実がだいぶん加入されていると思わざるをえないのだ。鳥がカミ、またはカミの使いと思われた信仰は、広島県の厳島神社や和歌山県の熊野をはじめ、全国的にひろくみられているのだけれども。

穂落しのカミ

伊雑宮の外宮である、と里びとによって信ぜられている佐美長《さみなが》神社は、神路川の南岸にある。川をはさんで両がわの丘陵のふもとに、それぞれ広大な森を営んで、この二つの、内・外宮の神社は向かいあっている。

佐美長神社のカミは鶴である、と『倭姫命世記』には書いてある。――むかし、一羽の鶴が稲穂をくわえて飛んできた。その穂を落したので、この村に稲穂がみのった。そこでその米はアマテラスの召上りものとして捧げられ、鶴は〝穂落《ほおと》し〟のカミとしてここにまつられた。これが伊雑宮の所管社になっている佐美長神社だというのである。佐美長神社は『延喜式』には神乎多乃御子《かむおたのみこ》神社と記されている。

しかし実は、穂落しというのは「大歳《おおどし》」の転訛したことばとみなされている。大歳とは稲霊《コーンスピリット》の普通名詞である。

伊雑宮にアマテラスをまつって内宮とみなすようになったとき、その外宮になぞらえて佐美長神社が位置づけられ、そのカミは稲霊とみなされた。それは遠い昔のできごとだった。しかし佐美長神社のカミは、はじめからその神格を稲の霊魂ということに限定していたのではないらしい。土民一般は佐美長神社のカミは猿田彦大神だと確信している（『伊勢二社三宮図』などに明徴がある）。

また伝承によれば、佐美長神社の神体は岩石だ、といわれている。しかもその石は、もとは海岸の波打ち際にあったものだという。そのためにいまでも、社殿の中の神体の岩には、海の藻とおもわれる毛がたくさん付着している。そして潮が満ちてくる時刻には、その藻は、いまでも海水に浮かんでいるような恰好に立ちあがり、潮が引くとなえ下がるのだ。――これは里びとの口碑なのであるが、佐美長のカミが常世のカミであったことを暗示しているように思われる。

佐美長神社という名は、カミのよりつく動物である鮫《さめ》が長い姿をしているところから起った名称なのではあるまいか、とも臆測される。全国の各地に鮫川・寒川という名の川がある。これは常世のカミが鮫となって游泳して溯航してくる川、という気持ちから起った名である可能性は、かなり強いのである。

東京湾に注ぐ荒川はカミの御生（蘖＝荒）する川の意であるし、埼玉県の大宮の氷川《ひかわ》神社という名の起りにしても日河《ひかわ》（太陽の霊の御生れする川）であることは間違いあるまい。

寒川という名がカミまたは神社の名となっているのは南伊勢にも、神奈川県にもその例がある。

常世のカミ↓天つカミは、太陽霊（アマテル＝アマテラス）であり、それが地上に降臨して田のカミとなった状態を国つカミ＝猿田彦と呼んだ。サルダヒコとは田に御生れした太陽神という意味だ（筑紫、前掲書、X）。その田のカミは水神の資格で、田を支配し、稲の成育を見守るのである。そこで、水神の支配をうけてみのる稲穂の精霊が、ついに水神と同一視されるようになる。

つまり信仰のある段階では、アマテラス＝猿田彦＝水神＝コーンスピリットなのである。佐美長神社は、アマテラス（伊雑宮）の外宮といわれながら、その祭神は猿田彦＝コーンスピリット＝鶴なのであった。だから内・外宮の神格とも、根源は同一。日本のふるい有力な神格は、まことに、同一のカミなのであった。

それが信仰の変遷・推移の果てに、同一のカミの神格と機能は分化してゆく。そしてさまざまな多数のカミの名称を生むことになった。しかし翻ってもとをただせば、実はそれらのカミガミはみな同根の、一つのカミなのであったといわざるをえない。基本的には訪れてくるカミ、つまり常世のカミ＝天つカミ＝田のカミ＝大歳《おおどし》のカミなのである。

そして分化した神格の大歳のカミは、最後にはその格式を低下させて、主神たる天つカミ（アマテラス）に仕える朝夕散飯《さば》のカミ（食物料理番のカミ）にその神格を転落させることになるのであった。内宮にたいする外宮の性格とは、そういうものなのである。伊雑宮と佐美長神社とを結ぶ道路はいまでも御幸道《みゆき》と呼ばれている。その昔、両社のカミの通い路だったのである。

稚日女

伊雑宮のカミは、『日本書紀』が記している七世紀後半ごろの名前は、稚日女《わかひるめ》であった。また九世紀はじめの『皇大神宮儀式帳』によれば、アマテラスと玉柱屋姫《たまはしらやひめ》とである。このようなカミの名のうつりかわりはなぜ起ったのであろうか。

折口博士は稚日女については次のように説明された。――常世のカミや天つカミに仕える巫女（カミ妻）は、ひとくちに八乙女《やおとめ》と呼ばれるほどに多勢だった。その筆頭のひとりの巫女が大靈女《おおひるめ》と呼ばれてもっとも権威があり、その他の多勢の巫女はみな稚日女と呼ばれたのだ。

アマテラスの前身は太陽神の第一の巫女たる大靈女であった。だから天照大神の名が確立する直前の七世紀末には、アマテラスは天照大靈女尊《あまてらすおおひるめのみこと》と尊称されたのであった。この名称はカミ妻がアマテラスに昇華してゆく過渡期の名称であったもので、『日本書紀』などの古典に散見している。

『日本書紀』によればプレ・皇大神宮のカミはツキサカキのカミだ。それに対立するプレ・伊雑宮のカミにワカヒルメという名称が与えられていたのは、そのような事情からだったのである。

やがてアマテラスの神格が確立すると、大霎女と同じ性格のワカヒルメは、なりゆき上、昇格してアマテラスとなることができる。だから、八世紀以後は、伊雑宮のカミはアマテラスをまつることになった。しかしアマテラスには、もともと、訪れてくる天つカミ（男性）の性格が濃厚だから、そのアマテラスのカミ妻として、稚日女の名称を転化させて玉柱屋姫という神格を樹てた。そしてこのカミをアマテラスとならべて、伊雑宮にまつることになったのである。

玉柱屋姫とは、とりもなおさず、稚日女そのものである。つまりカミ妻たる棚機《たなばた》つ女《め》なのである。アマテラスが、まつられるがわの太陽神（本来的には男性）であるのにたいして、稚日女は太陽神をまつる女、太陽神のカミ妻なのであった。

玉柱屋姫というカミの名は、太陽の霊魂（玉）が、田の中にたてられた柱に降臨してよりつくという、伊雑宮のお田植え祭の施設から起った名であった（また、伊雑宮の森の中にたてられた〝心《しん》の御柱《みはしら》〟によりつく、という場合も考えられる）。柱によりついた太陽霊をまつる巫女を玉柱屋姫と呼んだのである。このように太陽霊が田に訪れて降臨する行為が〝猿田〟であり、そのようなカミの訪れる田がまた〝猿田〟（神田《かんだ》・太田《おおた》）であったのである（筑紫、前掲書、X）。

注 奈良市の西郊、稗田《ひえだ》むらは、南伊勢・志摩から都に送りこまれて朝廷に仕えた猿女君《さるめのきみ》・稗《ひえ》田阿礼《だのあれ》ら一族が、土地を給与されて住んでいたところ。そこにも、もちろん、「猿田」という神田があった。

日の妻たちは湯河板挙《ゆかわだな》と呼ばれる、河海に臨んで架設された小屋にいて、ふだんは、訪れてくるカミのためにカミの衣類を機織《はたお》っていた。つまり棚機つ女であったのである。稚日女＝玉柱屋姫＝たなばたつめと呼ばれたカミ妻は、村びとがカミのためにさしだした女司祭者であったから、村びとは彼女らを神秘的にみた。

そこで機織姫《はたおりひめ》の伝説は全国の各地に多く、怪奇なものがたりとなっていまに伝えられているのであるが、この磯部町の神路川すじにも、いくつかその伝説は残留していた。

機織姫

伊雑浦のほとりの飯浜《いいはま》は、アマテラス大神が大和の笠縫《かさぬい》から伊勢に遷幸の際、ここに着いて浜辺で御飯を炊いて食事したところと伝え、機織祠がある。そこは、ヤマトヒメがアマテラスを奉戴して上陸した地点。そして三年間、神衣を織ってアマテラスに奉った旧跡であるといい、祠の付近では夜ごとに機織る音がかすかにきこえる、という。土器が豊富

磯部町の湯舟

に出土。

神路川が平野へ流れ出たところに浅間山があり、その中腹に和《わ》合《ごう》山おうむ石と俗称される聖地がある。巨大な岩場であるが、そのめだった岩に立岩《たちいわ》・鏡岩《かがみいわ》・機織岩《はたおりいわ》がある。みな信仰的な名称だ。機織岩は少し凹んで奥行きの浅い洞穴のかたち。むかしハタオリ姫（ヤマト姫ともいう）がこのイワヤで機を織った。正月元旦にそこへゆくと、いまでも機織る音がきこえる、という。付近に衣掛《きぬかけ》松・糸掛《いとかけ》松がある。

海から川上へ

伝承によればアマテラスは伊雑浦から西へ進み、おうむ石のある恵利《えり》原に迎えられた。

神路川の上流は神路山といい、その入口は日《ひ》向郷《なたご》だ。日向郷から奥は聖地である。湯舟河内《ゆぶねのこうち》には、湯舟《ゆぶね(いぶね)》という、自然のままにのこされた湿地があり、アマテラスが産湯《うぶゆ》を使ったところと伝える（ヤマトヒメが湯をつかったところともいう）。神路川のそのあたりは御裳濯川《みもすそがわ》ともよばれ、川の岸辺を殿小屋という。伊雑《いぞう》の湾口は日のカミ・月のカミ・スサノオ三神の遊所とも伝える。海岸で誕生したアマテラスは、このようにして、神路川を溯航して、川上の聖地で誕生するようになった。信仰観念が海から川上へと変遷したのだ。湾口にも、平野部にも、川上にも、カミ妻＝たなばたつめの、伝承と記憶とがあったのである。

天の岩戸

磯部町を貫流する神路川のみなもとは天然の洞穴だ。それは〝天の岩戸〟の伝説地。山腹の石灰岩質のほらあなから流れ出る清水は滝（急流）となって落下し、真夏でも涼しい。ここへ遠近から信者が参詣し、この水をくんで持ちかえる。病気の時に飲んだり、からだにつけたりするとなおると信じられている。

この洞窟の奥は深く、皇大神宮の裏まで通じていて、昔は古市《ふるいち》（宇治と山田とを結ぶ参宮道の市街）のにぎわう三味・太鼓のさんざめきが手にとるようにきこえた、という（鷲嶺《しゅうれい》洞穴にもこれとまったく同じ伝承がある。鷲嶺洞穴は五十鈴川上のいちばん奥の山腹にある、石灰岩のほらあな。女人禁制で、聖地の感覚が遺存している）。

この岩戸はもちろん、日本神話のなかの高天原の〝天の岩戸〟で、スサノオの乱暴を怒ったアマテラス大神がとじこもったところ。村びとは〝岩戸さん〟とよんで親しみ、その付近には高天原《たかまがはら》という地名もある（高天原には天狗が住むといって恐れられている。そこは山の傾斜面の茅原《かやはら》だ）。この岩戸の伝承はずいぶん古いものらしく、『志摩軍記』によれば、戦国時代、志摩水軍の大将、九鬼嘉隆はここに祈ってカミの教えをうけ、鳥羽城を築いた。

岩戸の雨乞い

天の岩戸

高天原・正面の山の斜面左寄り

磯部町の〝天の岩戸〟は古くから滝祭窟《たきまつりのいわや》ともよばれ、水神の誕生するところで雨乞いの聖地。岩戸から川水が流れ出て的矢湾にそそぐ、その神路川の流域の村むらをはじめ、志摩の各地の村びとは、日照りがつづいて稲が枯れそうになるとここに雨乞いをした。神路川の流れの中に馬鍬《まぐわ》やからすきなどの農具を投げ入れて、それを引っぱりながら川上にさかのぼってお参りした。

いま毎年の初夏に、伊雑宮の御祭《ごさい》のとき、楽打《がくうち》という、勇ましい太鼓の曲打ちを村びとが奉納しているが、それはもとは岩戸さんへの雨乞いの際にやっていたもの。雨乞い歌には次のようなのがある。

天の岩戸に御《ご》りょ願《がん》かけて、さあ、所《ところ》はんじょ
の雨がふれ。

滝祭りといえば、五十鈴川の川上には、皇大神宮の手洗い場に滝祭神（社）がまつられている。宮川の上流には滝原神社・滝原宮がある。農業に頼って生活した古代人は川上の水神を尊び、雨水の順調を祈ったのだ。

注　滝と天照との関係は深い。北三河（愛知県）の無形文化財〝さん候《ぞろ》まつり〟の〝不動舞い〟には、神座の禰宜と舞人とが「かかるとおとき神座へ、すさまじきなりをしていでたる者はなに者にて候」「さん候、それがしは滝に住む天照不動明王にて候」と問答する。明和九年（一七七二）、伊雑宮の御師《おんし》、谷崎吉大夫の記録には、「此所に滝祭の窟あり。是はむかし天照皇大神御誕生の時、天より産湯を奉りたまふ滝なり。是滝を祭れば諸々のけがれを消し、多く罪を滅といへり」とある。こうしてみると磯部町の、神路川の川上の滝祭りの聖地は、日本神話のなかの高天原に直結していることがわかる。この本の三頁「熊野那智まんだら」の場合のように、この清滝《きよたき》の水流が、とりもなおさずアマテラスの〝みあれ〟（誕生）の聖域であったことは明白だ。

日向という地名

伊勢・志摩の日《ひ》向《なた》という地名には注意する必要がある。
これは川上の聖地か、海岸のカミ迎えの場所に付けられた名だ。

磯部町の神路川をさかのぼったところに日向郷《ひなたご》があり、宮川の川上にも日向がある。また五十鈴川の河口に近い鳥羽湾口にも日向島がある。日向島はいまはイルカ島遊園地と呼ばれているが。

鳥羽市の神島では旧正月の元日の朝、村びとが海べに集まって太陽をまつる。それを日向祭りと呼んでいる。

海岸で海のかなたから訪れてくる太陽の精霊をまつったり、川上の聖地で、天から降臨する天つカミをまつったりする場所には日向という名がつけられている。つまり村里に訪れてくるカミと村びととが交わる接触点が日向《ひなた》なのであった。

古代には全国的に、一つの川すじの村国《むらぐに》ごとにこういう信仰の地名は全国的に分布していたのだ。

天孫降臨の神話で名高い宮崎県を日向国《ひむかの》というが、その国名の起りは伊勢・志摩の日向《ひなた》から出ているという伝承もあるそうだ。とにかく、神話のふるさと伊勢・志摩の、そういう古い小地名には、やはりいちおう注意しておかなければならない。

IX　大いなる神話ニッポン

天皇家の信仰基盤はやっぱり奈良盆地の〝たたなわる青垣山〟であった。それにもかかわらず天皇の祖神が、南九州の霊山に降臨したのはなぜか。それはそこが神話創作時代の、大和勢力のフロンティアであったからだ。〝大いなる神話ニッポン〟の〝川上の聖地〟に当ったからである。アマテラスから神武にいたる六代のカミガミも、しょせん唯一つの海神＝天神を、無理に分割し引きのばして、古典に登載したものに過ぎなかった。

ヒナタとヒムカ

大和朝廷のあった奈良盆地の、その東南の隅は、ことに天皇家と深い縁故のある地区らしい。そこには大三《おおみ》輪《わ》山と、磐余《いわれ》の村がある。大三輪山は天皇家の日《ひ》祭《まつ》りの聖地であった（筑紫、前掲書、V）。磐余は初代の天皇である神武天皇の名まえ、神日本《かんやまと》磐余《いわれ》彦《ひこ》の起りとなった地名だ。大三輪山は社殿施設のない、神体山として有名。山そのものがカミとしてあがめられている。山の頂上・中腹・山麓に巨大な岩石があり、カミはそれを伝わって天から山麓に降臨した。そして山麓の岩の前で、大和朝廷の人びとは太陽神を礼拝したのであった。

ここで、注意しておかなければならぬことが二点ある。その一つは日向《ひむかい》神社、一つは檜《ひ》原《ばら》が、大三輪の山麓にあるという事実だ。これら二つの地点はみな、辺《へ》津《つ》磐座《いわくら》とよばれる山麓の霊巌のある地点と同線上にその位置を占めている。

日向神社は延喜式内社で、大三輪神社の摂社。十世紀はじめにはもうはっきり存在していた古社だ。この社があることによって、大三輪山麓が、太陽神を迎えて礼拝する日《ひ》向《なた》まつりの聖地であったことがわかる。

日向という地名は、川上の聖地の入り口ならば（また、海岸にも）全国的に分布してみられる名称だ。南伊勢・志摩ばかりでなく、各地に、その名称は共通して、あるのである。

たとえば神奈川県には山の手に日向《ひなた》薬師があり、それは関東では古代からなだかい霊地で、鎌倉幕府の要人たちに厚く信仰されていた。南九州でも山奥にたくさんある地名である。

ところが朝廷のある大和では日向はヒナタと呼ばずに、ヒムカイと読まれた。日本神話が形成されつつあった七世紀の終りごろには、大和には蘇我日向《そがのひむか》という要人もいた。信仰的な名称または地名が人名に転じて使用されていた例である。つまり南伊勢・志摩や、その他、全国的にもっとも普通に使われていた川上の聖地の名称はヒナタであるのに、大和の場合にはその特殊ないい方として、ヒムカとよんでいたのであった。

そういうことになると、次には、こういう考察が展開されてもよいのではあるまいか。――南伊勢・志摩の海民は、ふるさとで慣れ親しんだヒナタの信仰と地名の知識を持っていた。そして大和の宮廷に入って仕えてみると、大和では同じ信仰と地名とをヒムカとよんでいた。海民たちは天皇のために〝大いなるニッポン神話〟をつくり、村国の信仰を、日本全土にまたがる規模に拡大して創作する。その際、本来は村国の川上の聖地日向《ひなた》に降臨してまつられる太陽神（日本神話のなかでは天孫ニニギ）を、〝大いなるニッポン〟の川上の聖地に降臨させねばならなかった。

ところが七世紀末のその当時、日本の僻遠の地は南九州だった。そこは大和の朝廷にとっては地理的知識のギリギリの限界なのであった。人の住むよい国（美地《よきくに》）の大和からはもっとも遠隔の土地であって、つまりそれは村国の地理の中の川上に該当する場所だったのだ。

そのころ南九州の辺境の民は、大和朝廷に新たに帰服しつつあった。村国のなかの川上が人の住まぬ、つまらぬ荒蕪地《こうぶち》であったように、神話のなかでも南九州は膂宍《そしし》の空国《むなくに》なのであった。つまり神話の世界の川上の聖地に宛てるのにふさわしいところだった。だから南九州こそは、大いなるニッポンの主権者の天孫ニニギを降臨させるのにふさわしい場所と思われたのだ。そこで政府は南九州に、日向《ひむか》という国の名を新たに設定したのである。

大和朝廷によってこのように政治的に新規に設定されたその国名には、大和における川上の聖地を意味する慣用語の、日向《ひむか》という名称が、転用してつけられた。〝ヒナタの国〟とは命名されなかったのである。

南九州における日向国《ひむかの》という名は、日本神話のプロットの確定に伴って、このようにして新しく名付けられた国名であったに過ぎないのである。律令政府によってこの国名が名付けられる以前には、それは現地では、もともとまったく、国としての実態のなかった国なのであった。そのような判定のできる根拠は、律令以前の日向国造《ひむかのくにのみやつこ》の実態が、古典のなかから全く検出できない事実である。もし日向《ひむか》という国の名が現地の固有の古いものであったなら、海岸に近い豊饒な農耕地帯に、そういう集落の地名が残り、その地名を氏の名とする古代豪族がかならずいるはずである。——しかるにそれがまったく古典のなかから検出不能なのである。

さて南九州においても、実際に、川上の聖地は、一つの川すじごとにその奥地にあった。そしてそれらはもちろん、川すじごとの村国の人たちにとっては、彼らがまつる太陽神の誕生する聖地であった（そういう場所は古くは荒蕪地であった）。そしてそういう川上ごとの信仰の聖地は、日向《ひなた》・日蔭《ひかげ》（影《かげ》）・青《あお》（淡《あわ》＝粟《あわ》と同意であろう）とよばれた。現に、そういう小地名がいまでも山奥に豊富に残っているのである。しかもそういう南九州の、実在する信仰地名の場所こそ『古事記』『日本書紀』の天孫降臨の伝承地として、現代の現地人によって主張されているところなのである。

檜原に就いても簡単に触れて置きたい。大三輪の山麓の檜原は日原ともいう。檜原（日原）という地名は南伊勢・志摩地方や日本の各地に広くみられる。そこは日山（檜山）と共に、太陽神を迎えてまつる聖地である。大三輪の檜原も山麓にあり、ただの原っぱで、社殿の施設もなく、しかも里びとは定期的にそこに集まってまつりをしている。ここがアマテラスのまつられた、『日本書紀』の記している大和の笠縫の村であろうともいわれている。

こういう性質の檜原（日原）こそ、日本神話における高天原の、イメージの原型なのであろう。南伊勢・志摩では、地面の高いところを空《そら》という。ところで天《あま》は海《あま》に通ずることばだ。だから水平線よりもはるかにさかのぼった高所の川上の聖地の、山の傾斜面、太陽神降臨の祭場こそ、高天原ということばの語源になっているのだと思われる。

天孫降臨の伝説地

そういうわけで南九州でも、村国《むらぐに》の信仰における川上の聖地は日向《ひなた》なのであった。それは日向《ひむか(ひむかい)》とは呼ばれていないことに注意せねばならぬ。

注　日向という信仰的な地名について、重ねて付言しておこう。日向《ひむか》という呼び名の系統の小地名は奈良県以外にも若干は散在している。けれども肝心な令制《りようせい》の日向国にあたる南九州には日向《ひむか》系の呼び名はなく、日向《ひなた》（日当《ひなた》）系の小地名に限られていることに注意せねばなるまい。

南九州で現在、有力に天孫降臨の聖地と主張されている場所は、周知のように二カ所ある。その一つは宮崎県北端の奥地、西臼杵郡の高千穂町。もう一つは鹿児島県の霧島山である。それぞれ根拠のある有力な候補地として、戦前には両県の争いにまでなっていたことは人みな知るところ。この二つの場所を点検してみよう。

高千穂町から流れ出た五箇瀬川は、東流して海岸の延岡市にいたり、日向灘に注ぐ。この川も太陽神の誕生する川であった。上流の支流は日影《ひかげ》川といい、それは日隠山から流れ出はじめる。本流との合流点には日ノ影という村落がある。それより上手の水源のいちばん奥には日向《ひなた》・日陰《ひかげ》という小地名があり、そのやや下手に岩戸・岩神という村落がある。このような川上が高天原である、と村びとによって意識されたことは、岩戸という地名が残って、岩戸神社がまつられていることでもわかる。この日向・日陰・岩戸・岩神の地区こそ、宮崎県人によって熱心に主張されている天孫降臨の高千穂なのである。なお、本流のいちばん奥には鏡山・鞍岡・荒谷という信仰的な小地名のあるのもみのがせない。

霧島山の連峰は宮崎県と鹿児島県の県境に連なっていて、その一つの峰が高千穂峰といわれ、その付近には荒川内という小地名がある。これは宮崎県がわに属している。しかし霧島連峰を水源として鹿児島湾に注ぐ新川は、いまはシンカワとよばれているが、これは古くはアラ（荒《あら》＝蔭《あら》＝生）カワであったかも知れないし、それを裏付けるように流域には日当《ひなた》山がある。

このほか、日当という地名は宮崎県の美美津町に注ぐ耳川の最奥部（椎葉の奥地）にもある。宮崎県の海岸の、有名な熱帯植物繁茂地の青島《あおしま》に注ぐ清武川、および宮崎市に注ぐ大淀川の川上は青井《あおい》岳で、その山の麓、大淀川の川上には日当瀬《ひなたせ》という小地名がある。

鵜戸神宮のある海岸のすぐ南に日崎というところがあるほか、宮崎県には隠ノ平・檜山・荒平など、太陽神誕生の信仰的地名は枚挙にいとまがないくらいだ。

天孫降臨の伝説地が南九州においても南北二カ所にあり、それぞれ有力に主張されている事実については、上田正昭氏の卓抜な意見がある。上田氏によれば、大和の朝廷が漸次、南九州を征服してゆく場合、その征服の限界点が朝廷によって天孫降臨の聖地と意識されたので、征服によるフロンティアの南下に従って高千穂の峰もだんだん南下していったのだと説かれる。これはまことに明快な解説といわなければならない。この説明に従えば、二つの有力な天孫降臨の伝説地は、二つとも〝つくられた日本神話〟のなかの聖地として承認されて少しも差支えはないのであった。

瀬戸内海

南九州の川上の聖地に降臨した天孫ニニギは、川の流れにそうて海岸に出、その曾孫の神武天皇は日向灘・瀬戸内海を経て、人の住むよい国（美地《よきくに》）である大和《やまと》（奈良県）に侵入して征服する。

このような神武東征の神話を民俗学の知識を借りて説明しようとするならば、桃太郎の誕生譚一つを思い起すので十分である。

桃太郎は川上の聖地から、桃の実となってドンブリコドンブリコと川下に流れてきた。そして人の住む美地《よきくに》に誕生してその支配者となった。これは村国の信仰の説話化されたものであるが、同じアイディアは大いなるニッポン神話のアイディアにも転用されていたのだ。

南九州の川と日向灘と瀬戸内海はひとつづきの水域である。神話の創作者の猿女にとっては、それはまったく、一つの川の流れる水域と意識されて少しも不思議はなかったのである。それは彼女らのふるさと、五十鈴川すじと神路川すじの地形を凝視したならばすぐわかることなのだ。

志摩半島はリヤス式海岸だ。その入り江は驚くほどに深い。皇大神宮の初夏の贄《にえ》の海の神事をする神官たちは、川上の聖地宇治から騎馬で鹿海《かのみ》という村まできて、そこで船に乗りかえ、神崎に着岸する。いまでも鹿海までは、知多半島(愛知県)の木造船がさかのぼってきて、薪を積んで伊勢海をわたって帰ってゆく。

同じように知多の船は神路川すじでも、伊雑宮のすぐそばの迫間《はざま》までやってきて、やはり薪を積荷している。太平洋に開いた湾口から迫間にいたる間の深い入り江は、うなぎの寝床のように細くて長く、そういう入り江のほとりの村むらこそ美地《よきくに》なのである。豊かな農漁の生活地域なのだ。その点はむかしから今にいたるまで五十鈴川すじの場合も神路川すじの場合も、ちがいはないのである。猿女らにとってみれば瀬戸内海は大型の伊雑浦・的矢湾に過ぎなかった。

川上の聖地のカミが、川下の、人びとの生活地域に訪れてきて、里びとに、最高のカミと意識されて手厚くまつられるのが、古代の信仰の現実であった。

川下の農耕地域のカミは、川上の膂宍の空国から、川の流れに従って訪れてくるカミよりも下位に立たなければならない。それでいて、しかも、川上のカミも川下のカミも、ともに同じ性格の天つカミである。そういう天つカミは川上でも川下でも、それぞれに神聖な山に降臨しているのである。その間の事情は、京都市街地の賀茂社と、その川上の貴船社との関係をみるならば一目瞭然としている。

日本神話のなかでも、だからこそ饒速日《にぎはやひ》という天つカミが、大和にはすでに早く降臨していた。それを知りながら、同じ天つカミの神武は川（と入り江）を伝わって美地《よきくに》大和に訪れてくるのである。そして当然のなりゆきとして、饒速日とその子孫は神武に服従するのである。

否、大いなるニッポンの主権者は、神話の世界ではとても直接には、人の生活地域の大和に、空から天降ってきてはならないのであった。それでは大いなるニッポンの統治者としての王権を主張するねうちがなかったのである。

天皇家の祖先には、面倒でも、日本の僻遠の、つまらないところに降臨してもらい、水路はるばると美地に来訪して貰わなければならなかったのだ。その手続きを踏むことによってのみ、偉大なる主権を主張することができた。――それが七世紀の人びとの信仰的な感覚と論理であったのである。

大和の日祭り

初代の天皇、神武の名が、奈良盆地の東南隅の磐余《いわれ》邑《むら》から起っていることは、注意しなければならぬ。大和の強大豪族としての天皇家の、本貫の地が、このあたりであると推定される一つの根拠になっているからだ。

磐余のすぐ東がわには、広大な磐境《いわさか》の遺跡がある。高城《たかき》岳を中心とする宇陀郡内牧の、神籠石《こうごいし》とおぼしき山岳信仰の遺跡は注目に値する。その、谷を一つへだてた北がわは大三輪山・長谷寺の、古代山岳信仰の霊場なのである。

天皇家は大和の盆地の東南隅で、大三輪山などを太陽霊の降臨する神山と認めて祭祀を行なっていた。『日本書紀』の敏達天皇六年（五七七）の条に「詔して日祀部《ひまつりべ》を置く」とみえ、大三輪山麓で日祭りが行なわれていたことは確かなのだ（筑紫、前掲書、Ⅷ）。『日本書紀』の崇神天皇の条が語るところによれば、天皇の姑《おば》の倭迹迹日百襲姫《やまとととひももそひめ》は大三輪山のカミ妻であった。彼女は小蛇《こおろち》となって訪れてきた大三輪のカミと結婚している。このような説話は、天皇家が大和において、実際に太陽霊（日神＝天つカミ）を氏の守護神とみなしていた段階があったからこそ生まれた説話なのである。天皇家は日のカミを、氏の祖先神に定める以前に、三輪山などに天降ってくる太陽霊をたんなる〝氏のカミ〟（氏の守護神）と思って、氏の女性をその巫女（たなばたつめ）に差出していた時期があったのである。

そういうことになると、本来ならば、天皇家が日神を昇華して、それをアマテラスと名づけて氏の祖先神に定めたとき、アマテラスまたは天孫ニニギは、当然大三輪山など大和の盆地をとりまく山の峰に直接に天から降臨させられるべきであった。そして、そういう日本神話を創作すべきであった。

それをしないで大三輪のカミを三輪氏にまつらせ、またアマテラス→ニニギ→神武と同系の天つカミの饒速日《にぎはやひ》を、物部氏の祖先神として、直接に空から大和の盆地に天降らせたのには、七世紀の川上の聖地意識が重大な理由になっていたのであった。

〝大いなるニッポン〟の川下に当るよい国の大和には、偉大なカミは直接に空から降ってはならなかったのだ。どうしてもそれはムナクニの南九州に降り、それから水路を伝わって大和にやってくるのでなければ、その尊貴性を主張できなかったわけなのであった。

近藤喜博博士は、『古代信仰研究』のなかで、熊野信仰にふれて、「熊野地方では烏にも一定の格式があるようで、新宮の烏よりも本宮の烏が位が上で、本宮の烏よりも玉置の烏がなお上位に立つとされ、玉置の烏が本宮へ来れば、本宮の烏より八つ上枝へ留り、本宮の烏が新宮へ行けば、新宮のものより上枝へ止るというのは、注目すべき烏の格式であった」と、この伝承を重視された。

玉置《たまおき》神社は熊野本宮の奥院《おくのいん》にあたり、そのありかは北山川と十津川の分岐点の玉置山。つまり熊野川の川上の聖地の神体山で、宮崎県の五箇瀬川にたとえていえば、まさにその川上の高千穂峰にあたる霊山であった。

こういう伝承と桃太郎の誕生譚とをあわせて考えてみると、ニニギが九州の高千穂峰へ降臨し、神武が東征し、大和の饒速日が神武に服従するという神話の形成過程は、あざやかに理解し、納得することができるであろう。

注 なお、この場合、饒速日《にぎはやひ》（これも太陽神にほかならぬ）が他田《おさだ》の天照御魂《あまてるみたまの》神社のカミとされている事実は注目すべきだ。この神社は大三輪山の麓にあり、天皇家が大三輪の太陽神をアマテルとみなして、日祭りを行なった祭祀意識を、神社化したもの。それはもともと天皇家の〝氏のカミ〟（氏の守護神）であったのだ。そのアマテルがやがて、宮廷がわの意識としては、天皇家の祖先神アマテラスに昇華せしめられるのである（筑紫、前掲書、V）。しかるに、こういう重大な、正史に顕著な天皇家の守護神を、天皇家はその臣下の物部氏に、氏の祖先神として譲り渡した形跡がある。全国的にはアマテルは、それを人格化したとき天火明命《あめのほあかりのみこと》と呼んだのに、他田の場合のみ饒速日としたのには、重大な作為があるとみなされる。天皇家は大和の山に天降ってくるカミをその祖先神にしてはいけなかったのだ。このようにみてくると、神武東征の説話は、他田の日祀部《ひまつりべ》が設けられていた六世紀末よりも、ずっと後になって創作されたものであることは明瞭である。

日高見国

〝つくられた日本神話〟のプロットの形成は意外に新しい時代のできごとであり、そのアイディアは村国の信仰変遷を反映しているとする如上の見解に従えば、神武東征譚は史実の投影ではなく、まったく架空の創作であった。

上田正昭氏の指摘されるように、南九州においても、古典のなかで時代を追って高千穂峰が次第に南下していっている事実は、神話創作年代の新しさを端的にものがたっている、ということになる。

神武東征が何らかのそのような史実の投影ならば、古典が景行天皇やヤマト・タケルの西征を熱心に解説するのは、いかにも不審であろう。なぜなら西から東へ向かって既にもう、一度は征服ずみの西日本を、景行とタケルとが重ねて東から西へ征討してゆくからである。こういう無理な古典の設定を吟味してみると、ほんとうは天皇家の始祖は南九州から大和への東征を実行していたとは、神話のなかからは到底割り出せない。

滝川政次郎博士らの神道文化会が昭和三十一年に行なった高千穂阿蘇綜合学術調査の成果を批評する、坂本太郎博士の指摘は次の通りである。「遺跡・遺物や民俗は一つとして高千穂が皇祖発祥の地であることを証拠だてない」「近隣諸国に卓越した強大な政権が成長したような痕跡は全く認められない」「この地を皇祚発祥の地と推すべき考古学上の成果は出ていない」そして、「少しでも多くの確な証拠を得たいという念願を抱いてみても、しょせん「熱心な努力にもかかわらず、その点に関する新知見は現地から得られなかったというのが結論のように思うが、しかし、そのことはこの調査の意義を決して減ずるものではない。今日の段階では新史料がないということを明らかにしたこと自体が、重要な学問的成果である」（『史学雑誌』第七十編、第九号）。

だいたい南九州の日向国《ひむかのくに》に類似した国名が古典のなかでは東北日本にもみえているのである。『日本書紀』の景行天皇二十七年の条に、武内宿禰が東国からかえって天皇に次のように奏言している記事がある。

東夷《あずまひな》の中、日高見国《ひたかみのくに》有り。其の国人男女《おのこめのこ》並に椎結《かみをあげ》、身《み》を文《もとう》げて、人と為り勇悍《いさみたけ》し。是を摠べて蝦夷《えみし》と曰ふ。

つまり大和朝廷に未服従の蝦夷が住んでいる国を日高見国と呼び、「撃ちて取るべし」と奏言しているのである。

東北日本の蝦夷《えみし》にたいする態度も、南九州の隼人《はやと》にたいする態度も、大和の朝廷では同じであった。要するに東北も西南も、フロンティア、いわば膂宍《そしし》の空国《むなくに》で、撃ちて取るべきところであった〈倭国王武〈雄略天皇〉が雄略天皇十六年〈四七八〉に南朝に送った上表文には「西衆夷の六十六国を服し」とあり、東北の蝦夷と同様、西日本の未服従の民は夷とよばれていた〉。そういう僻遠の、大和朝廷にとって地理的知識の限界が、西南では日向国《ひむかのくに》と名付けられ、東北では日《ひ》高見《たかみの》国と呼ばれた。

もともと日向という国の名は、東北における〝蝦夷地〟を日高見とみなしたのと同じ気持ちの地名であったことは次の資料でもわかる。

『播磨国風土記』によれば仁徳天皇の代に「日向《ひむか》の肥人《くまひと》、朝戸君《あさべのきみ》、天照大神《あまてらすおおみかみ》の坐《いま》せる舟《ふね》の於《うえ》に、猪《い》を持《も》ち参来《まいき》て、進《たてまつ》りき」とあり、朝戸君は肥後国（熊本県）麻部郷を本拠としていた氏族とみなされている。

つまり、日向のなかには南九州の東がわだけでなく、西がわの肥の国（熊本県）もふくまれていたのだ。そして元来ならば現地に根をおろしているべき日向国造《ひむかのくにのみやつこ》の実態は、ない。しかるに、肥の国の村君《むらぎみ》や、それから九州南端にいて古典に顕著な襲《そ》の隼人《はやと》たちの酋長らの居住地域は、日向の国の中に明らかにふくまれていたのである。つまり大和の朝廷は、もとは要するにおしなべて、南九州の〝熊襲《くまそ》〟たちの住地を日向《ひむか》の国とみなしていたのであった。そういう日向の国の名は、どこまでも大和朝廷が征服者としての立場と必要性からつけたもので、それはけっして現地人の、生活地に根ざして生まれた地名ではなかった。

日高見という地名は和歌山県の日高川の場合を考えてみても、日向ということばと近似したの意識の用語であるらしく思われる。恐らく日高見の国というのも日向の国というのも、ほとんど同じ気持ちで命名された僻遠の地のなまえであった。二つとも、僻遠という気分と、そこを聖地とみなそうとする感覚とが同時に働いて、つけられた名なのであろう。

そうだとすれば、天孫ニニギの降臨の聖地も、かならずしも南九州に限って確定されなければならぬ理由はもともとはなかったのであろう。神話創作のある段階では、ニニギを東北地方に降臨させるべきか、南九州に降臨せしめるべきか、迷った時期もあったのではあるまいか。

そして結局、南九州にニニギを降臨させることに確定するようになったのには、おそらく、瀬戸内海という入り江が西日本にはあったことがあずかって力があるように、私には思われるのである。なぜなら水路はカミ降臨のためには不可欠のコースであったし、なによりも入り江という地理的環境が、猿女のふるさと五十鈴川すじ・神路川すじに酷似していたから——。もちろんその入り江の規模には、村国と大いなるニッポンとの規模のちがい程の、格段の相違はあったけれども——。

天照とニニギと神武

天皇家の祖先神アマテラスから、天皇家の開祖の神武天皇にいたる六代のカミガミは、煮つめていえば一つのカミにすぎなかった。それは海から天へと住みかをかえた常世神＝

天つカミであったに過ぎぬのだ。
アマテラスは海で誕生し、空に住んだ。天孫ニニギは空から川上の聖地に降臨した。そして神武は川上の聖地から川下の美地に、川の流れにさおさして下ってきた。――それは村国では一つの神格なのであったが、大いなるニッポンの主権者の始祖伝説としては、六つの神格にわけて解説されたもの。

　そこでその六つの神格を個別にみると、次の通りだ。①アマテラスは常世カミ＝天つカミとしての太陽霊にほかならず、②正勝吾《まさかつあ》勝勝速日天忍穂耳命《かつかちはやひあめのおしほみみの》は天つカミの一つの機能である雷《かみなり》を神格化したもの。カチカチカチという火花をその名としている、と普通にみなされている。③ニニギとは豊饒を意味する穀霊神。それはまた、天つカミ＝水神にほかならない。④彦火《ひこほ》火《ほ》出《で》見尊《みの》とは要するに火＝日につながる神格であろうし、⑤ウガヤフキアエズとはもっとも新しく神話創作の過程でとってつけくわえられただけのカミ。これはほとんど無意味に近いとみなされる。そして⑥神武こそ川を伝わって訪れてくる（桃太郎のような）、外来神としての天つカミにほかならない。

　これを要するに、この六つの神格は煎じつめてみると、やっぱりたった一つの神格、常《とこ》世《よ》のカミ＝天《あま》つカミに過ぎなかったのであった。

宮廷の信仰変遷

天皇家の信仰は元来、常世のカミ信仰なのであったが、信仰観念の変遷にともなって天つカミ信仰に変っていった。そのうつりかわりのしかたは村国の信仰となんら違ったものではない。その常世のカミから天つカミへの信仰転移の時期について考えてみても、それはおそらく、全国各地の村国の場合も天皇家の場合も、どれほどの年代的なズレはあるまいと想像される（この分野は、川上の聖地信仰の考古学的研究の進捗を待たなければ確言できないが）。

私はいま、見透し的には、天皇家の信仰が〝海から天へ〟と移っていった時期は、六世紀半ばの継体天皇の治世の直後、と思っている。

その理由は、磐余《いわれ》に都をさだめた継体の子の、安閑天皇の名に「日」、同じく欽明天皇の名に「天」の字がつき、それ以後普通「日」または「天」の字が天皇の名にはかならずつけられるようになっているからだ。

持統天皇の名は高天原広野尊。普通名詞としての日原（檜原）が天上界におしあげられて、高天原という固有名詞が、日本神話のなかに設定されたとみられる。天皇それ自身をカミとみなしたり、皇祖神アマテラスの神格が形成されて誕生した時期は、ほぼ天武・持統のころなのだから、日本神話の高天原という固有名詞は、持統女帝の人名詞と非常に密接な関係がある、と判断されよう（むしろ、日原という普通名詞をもとにして、高天原という神話のなかの固有名詞が宮廷で創出されたのは、持統朝のできごとだったのではないだろうか。

五十鈴川上や神路川上の高天原は、磯部の民＝猿女の故郷であったところから、その日原＝川上の聖地に対して、後に日本神話になぞらえて、宛ててつけられた地名であったのかも知れぬ。勿論だからといってその地名の存在する意義はいささかも価値を減ずるものではないが）。

継体以前の天皇の名には普通「稚《わか》」「仲《なか》」「瑞歯《みずは》」など、水中から〝みあれ〟するカミの、司祭者たるにふさわしい文字がつけられている。

注 ただし神武から開化までの九代の天皇は、非常に新しく天皇家の系譜の上に加重して、つけ足した架空の人物であるから、論外。それには「大日本《おおやまと》」「日本《やまと》」など、奈良朝の元明・元正天皇の名に類似した文字がしきりに使用されている。

また、もう一つ重視しておくねうちがあるのは、天皇の常住する建物である清涼殿の装飾である。これといった飾りもない清涼殿には「荒海《あらうみ》」と「昆明池《こんめいち》」の絵が置かれている。荒海とはいいながら、その海は静かで、いっこうに荒れてはいない。それは常世のカミの御《み》蔭《あれ》（荒《あれ》＝生《あれ》）する海の意であろう。これこそ天皇が、内陸に住みながらも、海に誕生する常世のカミをまつっていた過去のある証処ではあるまいか。

注 荒海の障子《そうじ》は清涼殿の東の弘廂《ひろびさし》の北の端にある、ついたて。荒海の浜に「手長」「足長」

という怪物の絵が描いてある。昆明池の障子は清涼殿の廂の間におかれている衝立《ついたて》障子。

常世のカミが内陸において〝みあれ〟する場合には、しばしば、神聖な池に誕生した。池（や井戸や川上の洞穴）の水底は地底を貫いて、はるか海のかなたの常世のクニに通じている、と昔は思われていたようだ。そういう古代の信念は、現存する民間伝承からも検出することができるのである。

X　神話の時代

日本神話の創作時代は七世紀末の天武・持統朝である。皇位継承をめぐる当時の宮廷の緊迫したふんい気が、神話を迫真的にした。

大津皇子の辞世の詩

日ははやにしの山におち、
あわれもよほすつづみのね。
むかふるひとのなしときく、
よみぢへいそぐこよひかな。

大津皇子の辞世の詩の現代語訳である。大津皇子は天武天皇の子。天武の皇后で後に天皇となった持統女帝は、その義理の母に当るわけだ。天武天皇が没した天武十四年（六八六）九月九日から一月もたたない十月二日に大津は持統にとらえられて、翌三日には早くも南大和の訳語田《おさだ》の地で死刑に処せられた。時に年二十四。妃の山辺皇女は髪をふりみだし、はだしとなって夫のあとを追い、遂に殉死した。この情景をみた世人は涙を流して嘆き悲しんだ。古代王朝の政争のきびしさ――。政権争奪のかっとうのなかで示された大津皇子の、運命に身をまかせ切った諦観の境地は、いかにも清々しく、この詩を読むものに不思議な感動を誘わずにはおかない。

『懐風藻』に収められている大津の辞世の漢詩は、仮名まじり文に読み下して書くと次の通りだ。

金烏《きんう》西舎に臨み、
鼓声《こせい》短命を催す。
泉路賓《ひん》主なく、
この夕家を離れて向ふ。

持統女帝は大津皇子をなぜ殺したのか。それは彼女の血の愛情に発していると考えられる。持統はその子息の草壁皇子を天皇の位につけたかった。そのためには人望のある、腹違いの子の大津皇子を抹殺しなければならなかった。

世人に厚く信望があったと伝えられる大津の人柄は、彼の格調の高い辞世の詩によっても十分にしのばれる。

『万葉集』のなかの卓越した詩人には天皇・皇族が多い。天智・天武・持統の三天皇や、有間皇子・額田王《ぬかたのおおきみ》、——それから大津皇子など。『万葉集』に収められた大津皇子の辞世の和歌は次の通りである。

百《もも》伝ふ磐余《いわれ》の池に鳴く鴨を、今日のみ見てや雲陰《かく》りなむ。

白鳳期におけるトップクラスの政治家たちとその家族は、実に当代最高の詩人であった。この事実は、歴史と文学とのかかわりあいについてしみじみ考えさせるものがある。だいたい、『万葉集』に収められている歌の多くは、個人の創作といわんより、民衆によって長い期間をかけて共同製作されたものといえる。たとえ作者個人の名を冠していても、その実、いわば民謡的に使いならされた詩句を宛てて作られている場合が多い。多人数の民衆の長年にわたる共同唱和によって洗れんされてきたもの、いわば民謡的な歌が多いのだ。そういう歌には痛烈な哀愁はない。明るい美しさがあって、悲痛さはない。それには勿論理由はある。共同体的哀歓は、その成員がわれひと共にわかち合う。それだけに、少なくとも苦悩の重荷が個人の肩の肉を、ひどく圧迫し、苦しめなくとも済んだのであろう。

喜怒哀楽の情が、歌うひと個人の社会的に追いつめられた境地から、こころのうめき声として洩らされるとき、詩情ははじめて痛切となるようである。

皇室が日本の政治の、実際の担当者であったピークの時期。――それが白鳳期である。そのときに、個人の哀切なたましいの叫びが、日本の文学史のなかではじめて、調べ高く奏でられたのであった。

なお、冒頭の詩の現代語訳は、『持統天皇』の著者直木孝次郎氏の試訳である。

持統女帝の人間像

持統女帝はその作ったという一首の和歌によって、だいぶ得をしている。

春過ぎて夏来るらし、白妙の衣ほしたり、天の香具山。

この歌は鮮やかで明るい、客観的な歌いぶりと思われている。斎藤茂吉はすぐれた叙景歌であると評している。

自我の確立した現代の作歌態度からさかのぼってこの歌をみると、まさにそのような批評にたえ得る作品なのであろうが、しかし果してこの歌はそういう観点だけからみていい作品なのだろうか。私には疑問がある。

いかにも白鳳期の第一線の政治家たちはすぐれた歌人であった。自己の意志で、からだをはって修羅の巷を生きぬいた皇室の人たちが、自己を主体に置いた作品を、キビキビとうたいあげたのはまことに当然であった。けれどもその一面、当時の宮廷にはまだ色濃く、固有の原始的信仰がその精神生活を彩っていたことをも忘れてはなるまい。

有間皇子が非業の死を前にして紀伊で作った歌、

家にあれば笥《け》に盛る飯を、草枕旅にしあれば、椎の葉に盛る。

にしても、民俗学的な観点からこれをみる学者のなかには、この悲痛な抒情の情景を別な角度から冷静にみぬこうとするひともある。すなわち、いまでも紀州にはカミ祭りの際に、笥を用いずに椎の葉の上に飯を盛ってカミに捧げている。有間皇子は都の日常生活では食器を用いていた。それなのに、旅に出たために珍しいカミ祭りの習慣を見聞するものだ。――という述懐の歌だとみようというのである。現在でも伊勢神宮をはじめとして、神供を葉の上に盛る習慣は普通に多くみられる。そういうことになればこの歌ははなはだ淡々としたなかみといわねばならない。有間皇子の心情は別として、作歌の視覚的素材の持つ意味というものは、まさにその通りであったろう。

同じようなみかたを、私は、持統の〝春過ぎて〟の歌に対してもしてみたいのである。

持統女帝のこの歌は、彼女の巫女としての生活の一面を物語っている。彼女にはカミの妻としての自覚があった。ふるくさかのぼった古代の皇后は、太陽神のカミ妻なのである。天武天皇が壬申の乱の際に北伊勢地方の川のほとりで太陽を礼拝したときには、おそらく持統女帝は、カミの意志をとりつぐカミ妻としての役割を果したであろうし、乱後、天武・持統夫妻がたびたび吉野に行幸しているのも、夫妻が、カミとカミ妻としての資格を整えるために、当時の固有信仰のメッカである川上の聖地に籠ったことを意味していよう。

史上謎の行幸とされている持統の伊勢志摩観光旅行にしても、その意味は巫女《みこ》としての持統が、プレ・プレ・皇大神宮たる海のカミの霊気にふれる目的のためであった、と私は思っている。

持統女帝に巫女としての側面を認めたうえでこの歌をみると、次のような解釈が成り立つ。

春が終り夏にはいろうとする季節、つまり初夏は、梅雨の候で、田植え時である。その時期は民間では、田植えの際に太陽神に祈って地上にカミの降臨を求め、田の守護霊となって貰うために、どこでも一年中のもっとも大事なカミ祭りをした季節であった。その祭りには神御衣《かんみそ》と称して、カミに捧げ、カミに着て貰う衣類を機織って用意したのである。カミ妻は機織姫《はたおりひめ》でもあったのだ。

全国の村むらのしきたりの例に洩れず、南大和の香具山のほとりの村でも、初夏のカミ祭りに備えてカミの衣料を機織った。そしてそれを、カミの降臨する霊山である香具山に干したのである。

そのような情景をたまたま、持統女帝は通りがかって目撃したかも知れない。しかし、目撃していようがいまいが、彼女は、春過ぎて夏が来る季節ともなれば、香具山、もしくはそのほとりでカミの衣料が織り上げられ、そして干されるならわしのあることを知っていた。なぜならば彼女こそ、日本におけるカミ妻の最高のひとであったから――。

そういう解釈に立つならば、持統の〃春過ぎて〃の歌は、叙景歌といわんより、多分に観念的で宗教的な歌である。

藤原京の楼上から、どう考えてみてもわずかでしかないカミの衣類を、山の一隅に干してあるのが、鮮やかに遠望できる筈がない。それは現地に臨んで地勢を観察してみればすぐわかることである。斎藤茂吉の想像する持統女帝の叙景歌創作の場面というものは、やはり彼一流の、現代人らしい感覚による想像的判断に過ぎないであろう。

〃衣ほしたり〃は百人一首では〃衣ほすてふ〃と詠まれている。私には、この文句の方が、持統が創作する際の、現実に近い場面、――むしろ本当の情景だったのではあるまいかと思われてしかたがない。持統は内裏の一室に閉じこもって夏の気配を身に感じたとき、山を眺めなくても、この歌をつくることはできたのだ。

そして、恐らく内裏から山を眺めても、そこには白妙の衣は実際にはみえなかったろう。みえるのは、心象に去来する、白妙の衣だけであった――。六月頃の初夏の季節には、たとえば皇大神宮でも、数日にわたる重大なカミ降臨の神事があった。そして同じころ、神御衣祭も行なうならわしがあった。また全国的にも同種の祭りは広く行なわれている。

ところで冒頭に私は、持統女帝はその作った歌〃春過ぎて〃によって得をしている、と述べた。それはこのただ一つの歌によって、彼女がいかにもみずみずしく、明るくやさしい心性の持主であったと、人びとに強く印象づけられているからである。けれどもひとりのカミ祭りの女性の、習俗的で習慣的な発想とみなせば、この歌の鑑賞の視角も大幅に変えられねばなるまい。そして持統の人間像のイメージも大幅に変えねばなるまい。

持統の人間像は、もっとも女らしい女と普通に人びとが考えているものとは大分に違う、と私は思う。罪もない大津皇子を抹殺した、史上最高の絶対専制君主。そして恐らくは、皇后にしてカミ妻＝大日女《おおひるめ》らしかった最後の皇后。それが持統である。権威と呪術のひと。それが持統女帝の主要なる両面であったのである。持統の人間像のイメージは、私にとってはとても深窓のなよなよとした女性ではない。毅然たる女傑なのである。

持統のユーモアある明るい性格を、志斐嫗《しいのおうな》との問答歌から推察しようとするひともあるが、しかしこれには、持統より後のある女帝と嫗との間に交わされた歌とみる有力な説のあることを付記しておく。

日本神話が組み立てられた七世紀の後半は、古代専制王権の確立期であった。それは繰り返される宮中クーデターの時代であった。また、その暗い宮廷は、原始的な呪術の場でもあった。

クーデターと呪術。——この二つの社会現象は、神話の世界に深くその影を落さずにはおかなかったのである。

神話の迫力

日本神話は天皇の司祭者的性格、巫女性を基礎にしてつくられた。

その神話は、七世紀末の天武・持統朝に創作された。壬申の乱にはじまる政争の、修羅の巷を、精一杯こころを張りつめて生きぬいた皇室の人びと。その息づまるような緊迫感が神話の世界に反映しないはずはない。

大いなるニッポンを舞台にして展開するカミガミのものがたりの、そのダイナミックな構成。闘う人びとのかもしだすロマン。それは現代人のこころをすら感動させずにはおかない。

そういう神話の活力は、いったいどこから生まれたのだろうか。神話創作の時代にみなぎっていた、宮廷生活の極度に緊迫したふんい気。その生活の迫力こそが、神話のもつ不思議なエネルギーに転化されていったもの、と判断しないわけにはゆかないのである。

XI　伊勢の内宮と外宮の関係

日本神話のプロットが組立てられた秘密が解けた現在では、伊勢神宮における内宮と外宮の奇妙な関係が、なぜあのようにあるのかという疑問も、簡単に解けるのである。

度会氏のまつる宮川のカミは〝海から天へ〟(河口から川上へ)と住みかをかえ、しかもそれがアマテラスとなって五十鈴の川上に流域変更をして移住していった。それなのにそれに付随する穀霊神(外宮)は、もとのまま宮川河口にとどまっていた——というわけに過ぎない。

川の秘密

七世紀の〝川〟の信仰は、神話の秘密を解く重要な鍵。

皇大神宮はなぜ五十鈴川上の宇治にあるのか。それは文武天皇の二年(六九八)に宮川の川上の滝原からそこに遷座された、と『続日本紀《しょくにほんぎ》』は記しているのだが——。

一つの川の、川下《かわしも》のカミと川上のカミとの関係を理解し把握することができたとき、日本神話の謎は解けた。そしてまた、伊勢神宮における内宮と外宮とが、なぜ現在あるような関係につくりあげられたのか、という謎も解けてくるのであった。

伊勢神宮成立期における内宮と外宮との関係は、川の信仰の変遷を追求してゆくときにわかってくる。

皇大神宮のカミは、実は、転々としてその祭りの場を変えていっていたのだった。宮川の川下から川上へ、そして五十鈴の川上へと、その祭りの場は三転していたのだ。

その事実は次のように要約できる。

①内宮(高河原神社) ——→ ②滝原神社
‖
外宮(豊受神宮)
‖
④内宮(皇大神宮) ←—— ③多気大神宮

(②滝原神社 ——→ ③多気大神宮)

①宮川河口デルタの度会氏は川のカミまつり（高河原神社）をしていた。②その奥宮が、宮川上流のマナゴ岩（滝原神社）だ。川上の聖地のその信仰をふまえて、天皇家は、③そこに多気大神宮を設立した。次いで文武二年（六九八）にそれを流域変更して、④五十鈴

滝原宮

宮川の上流の河原。滝原神社は正面の森。手前にマナゴ岩がある。

川の川まつりの聖地に遷座し、皇大神宮（内宮）を創設した。

そこでもと①の外宮であったものが、流域を異にしながらも④の外宮にあてられることになった。

水源のカミ

なぜ大和の朝廷は、七世紀のおわりに宮川の水源の山奥に多気大神宮（滝原神宮）をいとなんだのか。この疑問を解くためには、そのころの固有信仰の普通の形態のうちで、大河の水源というものが、どのように重要な位置を占めていたかを説明しておかなければならない。

いままであまり気がつかれていなかったことなのだが、七世紀から八世紀にかけてのころ、大きな川の川上がひどく神聖視されていた、という事実がある。そしてそのような川上の聖地の信仰は、また、そのそばの目立った山を神聖視する信仰とつながっている。これはいわゆる名山大川《めいざんたいせん》を重視する信仰である。七、八世紀のころになだかい神社とおもわれていたものの実態は、この種にほかならなかったのだ。

大河の水源の山岳に天つカミは天降《あも》りしてきて、川の流れのなかで〝みあれ〟した。ところがまたいっぽう、川の中流・下流域でも、上流の水源地と同様に、そのちかくの山にカミは天降りして、川のなかに〝みあれ〟していた。だから大河の中・下流域では、集落にちかいところの山と河原とが神聖視され、それぞれ神社としてあつかわれたのである。つまり上流でも中・下流域でも、山と河瀬・河原とが神社としてまつりの対象となったのである。

大河の中・下流域には農業集落がたくさんあり、村むらはそれぞれにカミの天降りする山と、カミの〝みあれ〟する河原とをきめていた。京都の賀茂川の場合でいえば、上社・下社がそれぞれ賀茂の河原ぞいに立派な森をいとなんで存在していた。そして上社は神山を森の北の方にもち、下社は森の東の方の、比叡山のふもとにある御蔭山《みあれ》をもっていて、それぞれカミの降臨する山と考えていた。カミはそれらの山から賀茂川の河原に誘引されてきて姿をあらわし、人びとのまつりをうけたのであった。

このように、川の下手の村むらでは、そこでカミをむかえるほかに、川上の水源地のカミに対して同時に非常に大きな尊敬のこころをもっていたのであるが、それではなぜ、そういう川上の信仰が盛んに行なわれたのか、わけを明らかにしておかなければならない。

そのためには、はじめに、京都の賀茂のカミと貴船《きぶね》のカミとの関係を説明しておく必要がある。

賀茂のカミ

京都のカモ氏がまつったいくつかのカモの社は、賀茂川のもっとも上流にあたる貴船川の、そのいちばん奥地に天降って〝みあれ〟するカミの影響のもとにおかれていたのであった。『山城国風土記』には次の話がみえる。

カモの下社のカミは賀茂《かも》建角身命《たけつのみの》である。またそこには、そのむすめ玉依日売《たまよりひめ》もまつられている。このひめがカモ川で遊んでいると、赤く塗った矢が川上から流れ下ってきた。彼女はこれをひろって家の床の辺にさしておいたところその矢に感じて男の子を生んだ。

その子供が成人してから建角身はあたらしい家をつくり、人びとをあつめて宴会をした。そして子供に「おまえの父だとおもうひとにこの酒をのませなさい」といって杯をすすめると、彼はさかずきをささげて、天にむかってカミをまつろうとして、家の屋根をけやぶって天にのぼっていってしまった。

ひめの生んだ子は、天にすむ雷の子であったのである。そこでこの、ひめの生んだカミの名を賀茂別《かもわけ》雷《いかずちの》命となづけた。このカミが毎年、神山におりてくる上カモ社のカミなのである。

そういうことになると、下社のカミは雷の子にとってはその母と、母方の祖父にあたるわけだ。カモ氏はこの建角身の男系の子孫たちである。雷の子は天つカミの子で貴種であり、上社にまつられている。だからカモ氏の人たちは下社よりも上社を重くみる気持ちをもっているが、それは信仰上しごく自然な感じかただといえるであろう。

ところで問題になるのは、玉依日売をみごもらせた丹塗矢はなにかということである。矢に化けていたのは雷の父親でなければならない。つまり天つカミだったわけである。この雷の親ガミはどこから流れてきたというのであろうか。

貴船川の説話

矢は当然のことながら貴船川のいちばんの山奥から流れてきたのであった。そこには貴船神社が山峡のせまい場所に、小さな美しい朱塗りの社殿をいとなんで、いまもまつられている。この貴船のカミは水のカミ、雨を司るカミと信ぜられ、天皇家によって平安時代にはいちばん雨乞いのまつりをてあつくいとなんで貰っていたカミだ。

こういうことになると、賀茂川すじの村むらのひとが、もっとも尊くおもうカミは、貴船のカミであるといわざるをえない。このカミはふるくから竜神であるといわれ、高龗《たかおかみ》のカミとなづけているが、これが天つカミにほかならぬことは現地の信仰をみればすぐわかる。

貴船神社の背後、貴船川の西側にそそり立っている山がある。これを貴船山というが、神社の伝承によると天つカミはこの貴船山に木舟《きぶね》にのって、空から天降ってきたのであった。そして山腹の聖地を経て川ばたにきて、貴船の社にまつられたのである。まさに、天つカミが山から川へ降臨する形式をふんでいる。このカミが矢となって川を流れ下って、川下の集落地域の土豪がさしだす棚機つ女と一夜の結婚をしてみごもらせたその子が、カモ上社の別雷《わけいかずち》のカミであったのだ。

皇極女帝の雨乞い

それではなぜ川上のカミが尊ばれたのか、そのポイントを押えて考えてみる必要がある。七、八世紀ごろ、祈雨・止雨の雨乞いをする場所として、川上の場所をえらんだという史実はたくさんある。天武天皇が壬申の乱の際、雷雨にいためつけられて、天つカミに止雨をいのった場所は北伊勢地方の迹大《とお》川上であった。また、それよりさき、天武の母の皇極女帝は、その元年（六四二）の八月に、雨乞いのために南淵《みなみふち》の川上にでかけていって、ひざまずいて四方を礼拝し、天を仰いで祈ったのであった。雨乞いは天皇にとって、実に大切な仕事であったのだ。

七世紀のころには、ひでりつづきのときに、天皇がカミに祈って雨をふらせることは、カミをまつるものとしての天皇の当然の任務であった。いや、農業国の、祭政一致の天皇としては、民衆のために稲の成育をカミに約束させることが、最大のしごとであったといってもいいすぎではないようだ。

事実、この皇極女帝の雨乞いのときには、そのまえに村むらの祝部《はふり》（司祭者）が川のカミをまつっている。それでも雨がふらぬので蘇我大臣が仏法によって雨乞いを行ない、大乗経を僧侶によませて、じぶんは手に香炉をとって香をたいて雨をいのったのだが不成功だった。かわって天皇が、川上の雨乞いを日本の固有信仰のしきたりによって行なうと、雷がなり、大雨がふった。『日本書紀』はつぎのようにしるしている。

遂に雨《あめふ》ること五日　天下《あめのした》を溥潤《あまねくうるお》しつ。是に於て天下の百姓《おおみたから》、倶《とも》に称万歳《よろこびて》　至徳《いきおい》ます天皇なりと白《もう》す。

つまり、皇極女帝がシャーマニスティックな巫女政治の霊能をあらわして、蘇我氏の雨乞いにうちかち、司祭者兼政治主権者としての地位をもちつづけることができたというできごとをのべているのである（梅原隆章「日本古代における雨乞い」『日本歴史』七十四号）。もし蘇我氏が雨乞い競争にかっていたら、天皇の地位を蘇我氏にうばわれたかもしれない危機を、うまく皇極女帝がきりぬけることができたのも、川上の雨乞いの成功のためであった。天皇の至徳とは、元来こういう意味のものなのである。

天武はその十二年（六八三）秋七月に雨乞いをし、雨乞いは国家的な重要儀礼となった。皇大神宮のできた文武二年（六九八）には、雨乞いのため、大和の吉野の水分峰《みくまりのみね》のカミや、諸社、名山大河にひろく四度にわたって雨乞いしている。

このように七世紀は天皇が、その政治的・宗教的権威を発揮するために、しきりに川上の雨乞いをやった時期である。

貴船の雨乞い

雨乞いは村むらの司祭者もやり、天皇も行なったのである。その雨乞いの聖地としては天皇も村むらの司祭者も、大河の川上をとくにその場所に重視してえらんだ。貴船のカミにしてみても、それを定期的にまた臨時的に、たびたびまつっていた人たちはもともとカモ氏であったのだ。カモ氏はじぶんたちの村のなかにあるカモ社をまつるほかに、祈雨・止雨のためのまつりをしきりに人里はなれた貴船の山峡で行なっていたのであった。

貴船のカミの司祭者は、上賀茂社の神主であった。つまりカモ氏の氏人であったのだ。彼らは江戸時代にいたるまで、貴船の雨乞いのまつりには、カモから山奥深くわけいって、貴船社に出向いてそのまつりをしている。

注　二月九日の雨乞い祭には、貴船の本社・奥宮・雨乞い滝で、その年の雨量の適度であり、五穀のみのりが豊かなように祈る。滝壺で「おほみ田のうるほふばかりせきかけて、ゐせきに落ちよ、川上の神」という秘歌をうたう。

このようにして山峡の奥の貴船社は、平地の農民カモ氏の神社群にとって、その奥宮だったのだ。そしてこの貴船のカミが〝みあれ〟カミである証拠には、神御衣《かんみそ》をたてまつる儀式をカモ社や皇大神宮などと同じように、カモ氏らはそこで行なってきていた（この山奥にも、むかし、棚機つ女がカミまつりのためにすんでいたのかも知れない）。

貴船社は南大和《みなみやまと》の紀の川・吉野川の上流にある丹生川上社とならんで、平安時代には朝廷から雨乞いのカミとしてもっともてあつくまつられていた。そういうことになったもともとのわけは、この貴船社が貴船川の川下の賀茂氏たちの農耕生活を保証してくれる川水のカミだったからである。この貴船とカモの関係にみられることを、南伊勢の宮川流域にあてはめて考えてみると、多気大神宮の設けられた意味がよくわかってくる。

カモ川にしても宮川にしても大河の中・下流域の村むらでは、そこで〝みあれ〟するカミをまつるばかりでなく、それらの川下の村の共同の雨乞い聖地として、川の水源地の〝みあれ〟カミが重視してまつられていた、という事実を注目しなければならないのである。

水源地のカミは、川下のカミに影響をあたえ、拘束する、一層くらいの高い威力あるカミとみる気持ちがあったのである。農耕にいちばん必要な雨をふらせなかったり、あるいは、ふらせすぎて川下の民衆をこまらせ、川下のカミガミの活動を拘束する、偉力のあるカミとしておそれあがめられたのである。それが七世紀に顕著にみられ、八世紀以後にもうけつがれた、川上の聖地の信仰なのであった。

注　この名山や川上の聖地の信仰を奈良時代から平安時代にかけての山岳仏教が奪って、天台・真言・修験道の山岳寺院や行場《ぎようば》がいとなまれるようになるのであった。たとえば南大和の大峰山《おおみねやま》は吉野の水分峰《みくまりのみね》の雨乞いのカミの聖地を信仰的に奪って成立した修験道の霊山なのであるし、女人高野《にょにんこうや》としてなだかい大和の室生寺《むろう》は弘法大師が仏法によって雨乞いを行なって開いた寺だが、この場所はもともとは固有信仰における川上の雨乞いの聖地であった。そこは室生竜穴神社という雨水を司る竜神がすむ霊地であったものを、空海が信仰的に奪って、そこに室生寺をつくったのである。

伊勢神宮祭祀集団のなかのいちじるしい例は朝熊山《あさま》だ。ここは朝熊水神の天降る霊山であったのだが、仏教の山岳霊場にとられてしまった。そして、そのむかしの信仰のなごりとして、アマテラスが天降った岩だとか、アマテラスの本地仏といわれる雨水のカミの雨宝童子がまつられているのである。

もちろん、仏教がわにその信仰を奪いとられずにすんだ場合もあるが、そこでは川上の聖地が、たとえば南大和の丹生川上社のようにそのまま神社としてまつられてゆくし、名山は、片山《かたやま》(カミの影向する神体山。像山《かたやま》)とか、神奈備《かんなび》山などという名でもって、ひきつづいて神社となってまつられてゆくのである。

水戸のカミ

宮川すじの川水の信仰をのべるに際して、はじめに宮川の川上のカミ、多気大神宮のおいたちを、少したちいって考察しておくことにしよう。

滝原宮（多気大神宮・滝原神宮）は、あきらかに天皇家によって、あつくまつられていた神社であったことは、宇治にうつされる以前に大神宮とか神宮とかいうよびなで既によばれていた事実によって確かめることができる。

しかしこの神宮も創建のはじめは、川上の川水のカミという意識でまつられていたのであったろう。それから、そのカミをアマテラスオオカミとみなすようになり、そのカミを文武二年（六九八）に宇治にうつしたのであろう。

滝原宮のカミを川水のカミとかきしるす、有力な史料はあるのである。滝原宮のカミは水戸《みなと》のカミだと思われていた。茨城県の水戸《みと》でも、水戸の雷神さまがながくまつられていたように、この宮川上流でも、天つカミとしての雷神が川水のなかに〝みあれ〟していたのであろう。滝原宮の創建当時のカミは、そのような観念のカミであったのであろう。

このような事実は、率直に認めておかなければならないことなのだが、明治時代の歴史家がそれを好まなかったのは、まことに時代性というものであった。いまそのような文章の例を、次に引用しておくことにしよう。田中頼庸の『神宮祭神提要』にみえる文である。

世紀、神名秘抄、滝原宮一座、水戸神《みなとの》。名は速秋津日子《はやあきつひこ》と記し、御鎮座伝記には、皇大神の遥宮《とおのみや》と云つつも、更に水戸神速秋津日子神と注するに至ては、自語の矛盾亦甚しからずや。凡そ古書に遥宮とある上は、皇大神を斎祀れる所と悟るへし。何必ずしも他神に託けて、世を欺くに及ばむや。

右のような文章は、滝原宮や皇大神宮のカミの本質について〝語るに落ちた〟ものと評さなければならない。アマテラスはこの滝原宮において、川水にみあれする天つカミから、アマテラスオオカミという唯一至高の人格神に育てあげられて、六九八年に五十鈴川の宇治の地にうつされたのであった。であるからこそ、この滝原宮のカミを水戸のカミといっても、アマテラスだといっても、両方ともそれでよろしかったのである。

マナゴ岩

滝原宮のいまの状態は、広大な森のなかにほんの小さな建物が、森のはしっこにちょんと置かれている、といった恰好で存在しているのであるが、いまのこの状態が、六九八年の多気大神宮であったと思っても、大きなあやまりはないであろう。

このような滝原神宮（多気大神宮）がいとなまれる以前の、宮川上流、滝原地方のカミまつりの状態を推察してみよう。
滝原神宮のできた年次は、正確にはわからない。しかしそれがアマテラスオオカミをまつり、大神宮の地位をえたのは、六九八年よりもせいぜい数年前のことにすぎないのであった（筑紫、前掲書、Ⅵ）。
このような滝原神宮＝多気大神宮の成立よりも以前の滝原のカミを、意識し、まつっていたのは、たしかに宮川の川下に住む度会氏《わたらい》（伊勢の国造。度会の県造。磯部の統率者で、後の外宮の禰宜）であったのだと、私は思っている。それは貴船社とカモ社とカモ氏との関係を知っていれば、そのように類推するのがもっとも自然だからである。

注 滝原宮は外宮の御杣山《みそま》だというつたえがある。それは外宮禰宜である度会氏と滝原宮との緊密な関係を裏書きしているといわねばならない。御杣山ということばには、〝みあれ〟木の生い育つ神体山、という意識があるようで、皇大神宮では、〝心《しん》の御柱《みはしら》〟をきりだす鼓ヶ岳をその御杣山とよんでいた。

天皇家は七世紀に南伊勢に大来《おおく》斎王を派遣して、度会氏のまつる宮川の川のカミまつりに参加させ、宮川河口デルタ地域において、両者が協同して川まつりをやるようになっていた。そこで、やがて天皇家も、そのころの信仰の普通の形態に従って、宮川の川上を神聖視し、そこに広大な滝原神宮の森をいとなむようになる。

それでは、天皇家が滝原神宮（いまの滝原宮の森）をいとなむ以前には、度会氏の人たちはどのようなすがたで川上のカミを聖視していたのであろうか。

それは宮川上流の川のなかにある岩をまつっていたのである。『皇大神宮儀式帳』に多《た》伎《き》原《はら》神社の名がみえ、「形石坐《みかたいしにまします》」とある。この神社は宮川上流の川のなかにある真《ま》奈《な》胡《ご》岩（石）であったのである。真奈胡とは民俗学の教えるところによれば、太陽神・雷神を意味することばだ。いまでこそこの神社は岩からはなれた別なところに建てものを建ててもらって存在しているが、九世紀のころには、岩そのものを神社としてまつっていたものと思われる。

岩石を神社とみなすことはすこしも珍しいことではない。むかしはきわめて普通のことであった。伊勢神宮の摂・末社のきわめて多くは神体が石であった。たとえば皇大神宮の末社の加奴弥神社はいまでも、いまの滝祭神とおなじように、石壇の上におかれた小さな石一つというだけの施設の神社だ。だからこの多伎原神社（皇大神宮摂社）も世間なみに、石だけの神社であったというまでの話で、強いて特徴的といえば、川のカミらしく、川のなかにある巌石であったというぐらいのことである。

注　それも、川のなかの雨乞い石という例は、むかしからあることで、たとえば『肥前国風土記』によれば、船帆郷の三根川の川中には、ひでりのときに雨乞いすると、かならず雨がふるという石があった。

さて、この多伎原神社のカミは真奈胡《まなご》乃神とよばれている。そして鎌倉時代の『通海参詣記』は、滝原宮について次のように書きしるした。

天照大神昔ヤマトノ国カサヌイノ村ヨリ伊勢国ヘウツラセ給テ、伊勢国ヘ入ラセ給シ始メ、此宮ニ遥ニ御座アリシカハ、摩奈胡ノ神、処ヲ去リテ奉ラレキ。霊験殊ニ新タニ御座マセバ、精進潔斎モ本宮ニコエタリ。

この文章は、滝原地方でもともとはじめからまつられていた地主《じぬし》のカミが、真奈胡のカミであったことを端的に教えてくれている。そして真奈胡石（滝原神社）→滝原神宮（多気大神宮）→皇大神宮への信仰の成長のプロセスを暗示している。

つまり、宮川下流域の度会氏が、はじめ、宮川の川上に〝みあれ〟する天つカミを聖視するときには、この真奈胡石を目標として、河瀬（神瀬《みせ》・三瀬《みせ》）でカミまつりをしていた。しかるに天皇家が宮川のカミまつりに介入してくるに及んで、天皇家は真奈胡石からあまり遠くない平坦地に、広大な滝原宮の森をいとなみ、川に〝みあれ〟するカミをまつり、これを多気大神宮と称して、ここでアマテラスオオカミを完成して、やがてこれを五十鈴の川上の宇治へうつしたのであった。

高河原のカミ

さて私どもは賀茂と貴船の信仰的つながりを手本にしながら、宮川すじの川下の神社群が、もと、どのような状態でまつられていたかを復元的に考えてみなければならない。賀茂川すじのカミと、宮川すじの神とをみくらべてみると、貴船のカミにあたるものは、宮川においてはあきらかに、多伎原神社であった。そして賀茂社にあたるものは、次の神社らである。

①高河原《たかかわら》神社——外宮の摂社。山田の宮後町にある。外宮の別宮の月夜見《つきよみ》宮の境内のなかにいっしょにまつられている。しかし別宮よりも古い神社で、祭神は別宮と同じく月読《つきよみ》神である。

②河原神社——外宮の摂社。御薗にあり、川神をまつる。

③川原神社——内宮の摂社。佐八にあり、月読神をまつる。

これらの神社は川上の多伎原神社と同じ意識でまつられる川のカミであった。いずれも宮川下流域の川沿いにあった神社で、もともと河原そのものが神社であったと察せられる。

注 それはことに最後にあげた内宮摂社の川原神社の場合にははっきり史料がのこされている。平安初期の『皇大神宮儀式帳』によれば、この神社のカミは形が無く、つまり空位でまつられており、その聖域は東と西と北とを大きな川（宮川が聖域の西と北がわを、佐八川が東がわを流れている）でかこまれ、南がわだけが島（島とは古語では陸地のことだ）であるといっている。江戸時代の神宮学者はこの神社のことを、「俗ニセンスイト云リ。センスイハ川水ノ音ナルヘシ」といっているくらいだから、この神社は宮川の河原そのもので、天つカミである月読神の〝みあれ〟を、宮川の川水のなかにまつった場所であったのだとおもわれる。
他の二つの神社は宮川の河口デルタ上にあり、いまは宮川の（デルタに分流する川が埋められて）河流がかわっているけれども、もとは川に直接に臨んでいたとみられるので、おそらく同様の状態であったのであろう。

さて、右にあげた三社のうちでも、ことに最初にあげておいた高河原神社は、豊受神宮（外宮）にほど遠からぬ位置に存在している。社域も大きく、きわめて重視しなければならない神社である。鎌倉時代にこの神社の信仰をもとにして、外宮の別宮の月夜見宮がここにつくられたのも、この神社の容易ならぬ重要性を示している。

この高河原神社こそ、実は、度会氏にとってはいまの皇大神宮(内宮)の揺籃《ようらん》の場と意識されるべき神社であったろう、と私には推定されるのである。

月のカミと日のカミ

宮川下流域にある〝河原〟の神社が月のカミとか川のカミをまつっているのだ、と称えるその意識を、分析的に追求してみなければならない。そういう表現のしかたは、おそらく皇大神宮が、日のカミ＝アマテラスを独占することになったことと関連していると思われる。天皇家の祖先を唯一絶対視し、アマテラスをまつる神社を、伊勢神宮祭祀集団のなかでもごく少数の三、四の神社に限定したので、そのため、その選にもれて二次的にとりあつかわれることになった神社群を、月のカミだとか、川のカミだとかいうふうに表現するようになったのだと信ぜられる。なぜならば、もともとこれらの河原の神社も、日・月・雷・風をふくめた天つカミとしての〝イセの大神〟の〝みあれ〟をまつっていたものであるからである。これらの河原のカミとプレ・皇大神宮のカミとのあいだに、なんら本質的なちがいをみとめることができないからである。

宮川デルタの土豪の度会氏が、もともとこの高河原神社をまつっていたことはあきらかであるし、度会氏が天日別命の子孫だと称えている点から考えても、宮川デルタには、もともと太陽神がまつられていなかったということは、とうていできない。いまでこそそこには太陽神と揚言するカミはまつられてはいないが、もっとも古い時代には当然まつられていたはずである。

高河原神社・月夜見宮

注『日本書紀』の時代には、日・月は対比してのべられ、両者に上・下の差別をつけていない。差別感のあらわれるのは六九八年のころ以後と察せられる。

このようにして、そのむかし度会氏が日まつりを行なった意識は、月をまつる神社として固定していった高河原神社の祭祀意識のなかに埋没せしめられたのだ、と推定しないわけにはゆかないのである。

それならば、私がなぜ、このような高河原神社の祭祀意識を、度会氏の内宮だ、といい、これをいまの外宮の豊受神宮に対比させようとするのか、その説明をしなければならない。

外宮と内宮

私見によれば、外宮（豊受神宮）の神官の度会氏にとっては、もともとこの高河原神社がじぶんたちのまつる内宮であって、その外宮がいまの豊受神宮なのであった。宮川河口デルタにおいては、高河原神社・豊受神宮（の両神社の前身）が一対の内・外宮であったと信ぜられるのである。

それは度会氏の信念と伝承、および川のカミとその朝夕散飯《さば》のカミとの関連性を追求してみるとわかることなのである。

それでは度会氏の信念と伝承とは、いかなるものであったのであろうか。六九八年の皇大神宮確立のとき以前は、度会氏が内・外両宮の大神主（ただし天武以後は両宮の禰宜）であった。——これが度会氏の信念であり、主張なのである。そしてそれは内宮禰宜の荒木田氏がわの史料（『皇大神宮儀式帳』『禰宜譜図帳』）をしらべてみると、みごとに裏書きされるのである。荒木田氏が内宮禰宜の地位についたのは、どうみても六九八年のそのころが最初であると断定できるので、度会氏の伝承による信念・主張というものが、たいへん妥当性をもってくるのである。

注　大神主といい、禰宜といい、しごとの実質はおなじで、どちらもカミに密着した司祭者の最高の地位である。

そこで天武天皇のころに遡源して、度会氏の行なっていたプレ・皇大神宮の祭祀状態を復元するならば、それは高河原神社などの祭祀意識にみられる、河原の水神祭であったのだと判断される。そのまつりに、初代の斎王の大来皇女も参加して、宮川の水流のなかにその身をひたして〝みあれ〟の神事をしていたのだ、と信ぜられるのである。

注　私は先きに、宮川河口の小俣町に離宮院が設けられていたことを理由にして、伊勢の大神の最初の斎王、大来皇女のカミまつりの祭場およびその〝ゆかわだな〟のあった場所は、宮川河口デルタ地域の、小俣町からあまり遠くないところであったにちがいない、とのべておいた（筑紫、前掲書、Ⅳ）。ところがそのあり場所は、実は、もっとはっきりと指摘できるのであった。それは、宮川河口デルタのなかでも、実に、この高河原神社のある位置であったのである。『神宮雑例集』によれば、延暦十六年（七九七）、この高河原からいまの小俣町へ、離宮院を移転しているのである。その理由は、この高河原は、たびたび洪水に見舞われて不便だから、というのだ。そのような氾濫を繰り返すデルタの河原こそ、もともと、川のカミまつりの祭場および〝ゆかわだな〟のあり場所としてふさわしいところであった。

『万葉集』には柿本人麻呂の歌、「渡会《わたらい》の大川の辺の若久木、吾が久ならば妹恋ひむかも」がのせられている。この歌は「吾が久ならば妹恋ひむかも」（ひさしく私が旅に出ていたら、妹は恋しく思うだろうな）という単純な感懐をのべるために、その句のまえに、「渡会の大川の辺の若久木」という序詞を置いたものである。渡会の大川とは宮川のことだ。その宮川のほとりに生い立っている若久木が、そのころ、都びとの関心をひいていたことが、この歌のあることでわかる。若《わか》とはこの場合、生《あれ》と同義語で、若久木とは御蔭木《みあれぎ》たるカミの木を意味していると思われる。それはたぶん、大来斎王らの行なう川のカミまつりの目標となった樹木でもあったであろうか。おそらくいまの、高河原神社の森に伝統をひいている、宮川の河原の樹木・樹叢を意味しているのであろう。現在この高河原神社の森でも、それから外宮（豊受神宮）の森でも、めだって巨大な樹は、稲生《いなり》のカミと思って山田の市民に拝礼されている。実際、市民が、神域のなかの特定の大樹（楠《くすのき》）に、そなえものや灯明をあげて礼拝している姿をみかけることができる。その気持ちには、そのむかし、森のなかの巨大な樹を目標として、農業のカミとしての川のカミ・穀霊をいのった信仰が、

木の信仰（高河原神社の境内）

根強く忘れられずに名残りをとどめているのだと信ぜられるのである。

このようにして、度会氏の立場からみれば、現在の皇大神宮とは、宮川河口の河原の水神祭→宮川上流のマナゴ岩→多気大神宮→皇大神宮というふうに、カミまつりの意識が転移していったものなのであった。従って度会氏は、もともと過去において内・外両宮の大神主であった段階はあるのである。

さて、ところでわれわれは一体、内宮と外宮の関係とは元来いかなるものなのか、ということを知っておかねばならない。そこで次に、外宮の豊受神宮のカミが、内宮のカミのための朝夕散飯《さば》のカミであるということについて説明しておこうと思う。少なくとも内宮と外宮とは、おなじ川の流域のなかで、おなじ村のなかになければならないものなのだ、ということを知っていただきたいのである。

朝夕散飯のカミ

まず一般論として朝夕散飯《さば》のカミを論じておこうと思う。

平野部で川にみあれする有力な天つカミにとっては、朝夕散飯のカミは、その従者として是非とも必要なカミなのであった。伊勢神宮祭祀集団の村むらでふるくまつられていたカミガミを注意してみると、村なかに三種類のカミが必ずまつられているのに気がつくのである。それは、川水のカミ・その棚機つ女であるカミ、それから穀物（稲）の霊魂のカミの三つである。

この三種のカミのなかでは川水のカミがもっとも有力であり数多くまつられていたが、そのなかでもこの川水のカミが村国の人に特別に偉大なカミと意識される大神《おおかみ》である場合には、稲霊《いなだま》のカミは、その従者にされてしまい、大神の朝夕散飯のカミであると意識され

木の信仰（豊受神宮の境内）

るのであった。散飯のカミとはたべものを調理し、給仕するカミだ。このカミが朝夕、主神のためにそのサービスを行なうから朝夕散飯のカミというのである。豊受神宮には本殿の裏手に御饌《みけ》殿があり、豊受神（穀霊）が調理したたべものを、アマテラスが朝夕ここで食事することになっている。御饌殿が外宮につくられるまえは、外宮から内宮へ、朝夕アマテラスのたべものをもってはこんでいったのだが、あるとき道の途中でけがれたものにゆきあったのではこぶのをやめ、外宮に御饌殿をつくってアマテラスにきてもらうことにしたといい伝えている。

このような主神と散飯のカミとの関係についてはいくつかのタイプがあるから、その例をあげてみよう。

①五十鈴川下流の朝熊むらには、朝熊神社があり、朝熊水神と大歳神をまつり、その近くにある加奴弥《かぬみ》神社は稲依比女をまつっている。朝熊水神は、朝熊山に天降りして朝熊川に〝みあれ〟する雨水のカミであり、その恩恵のもとにみのる稲霊のカミが大歳神であり、稲依比女はふるい伝承によればカミの妻たる早乙女なのであった。

ここでは、この三種のカミのあいだには、きびしい上・下の区別はみられない。これが本来の素朴な信仰形式なのであろう。

②皇大神宮の別宮の伊雑宮《いぞうぐう》はアマテラスと玉柱屋姫《たまはしらやひめ》をまつり、これと神路川をへだて

た反対側の丘のうえに、伊雑宮所管社の佐美長《さみなが》神社があり、稲霊のカミをまつる広大な森林を擁している。境域は伊雑宮二町四反、佐美長神社二町三反。規模の上で立派に対称的であり、一対の内・外両宮とみなすのにふさわしい状態なのであるが、格式ははっきりと主人と家来の関係で取扱われている。また、ここでも〝みあれ〟する天つカミとそのカミ妻、および穀霊神の三者が揃っているのであるが、神威偉大なアマテラスのために、稲霊は明確にその従者として位置づけられ（佐美長神社は伊雑宮の所管社）、大神にたべものとしての稲米を提供するカミ、と、ふるい伝承のなかで規定されている。

稲霊のカミは大神の従者ではあるが、独立して広大な社域を擁して、大神に対し、外宮とよばれるにふさわしい状態であることに注意しておこう。

③京都の上賀茂社は、くりかえしていうように、天つカミとしての雷神の〝みあれ〟をまつり、おなじく下社にたなばたつめたる玉依姫をまつっていて、これらは大社であるが、穀霊神は大へんに地位低く扱われている。ここでは穀霊神たる宇迦之御魂《うかのみたま》をナラトジという女性神にみたてて、奈良神社にまつり、この神社は上賀茂社の境内のなかに摂社として存在している。あまり大きくない奈良神社の本殿のまえには、広大な調理場たる御殿がつくられていて、ここで本社のカミのたべものが朝晩ほんとうに料理されるのであるが、このナラトジは料理番のカミというわけなのであった。

ここでは穀霊神の地位が完全に低くされていて、大神の社域の住み込み料理番という状態であることに留意しておこう。これを散飯のカミの典型とみなすべきであろう。

さて、私は、宮川デルタの高河原のカミと、プレ・豊受神宮の関係を推測するのに、右の例の②のケースをあてはめておきたいと思う。なぜなら高河原神社と豊受神宮とは、むかし、宮川の一分流をはさんで一対をなす状態で、それぞれの社域を擁して向かいあっていた、とみなされるからである。いまの豊受神宮は社域が拡大されているが、高河原神社（月夜見宮）の社域は二町二畝あり、プレ・豊受神宮と一対のものとみなして見劣りするものではない。

それに、高河原神社と豊受神宮とを結ぶ一直線の広い道路がある。その道は、カミの通い路であると考える気持ちが、山田の人びとのあいだにはふるくからあるのである。きっとこの道は高河原のカミが、外宮の森の中にいたカミ妻のもとに夜な夜な通っていたのであろう。

注　このように、一般的にいって穀霊神の地位が低いのは、古代における農業の感覚としてきわめて自然ななりゆきであったのだ。すなわち〝みあれ〟の大神は天空現象を支配する雨水のカミで、それが地上におりたち、水田に臨んで、稲の成育をみまもり、保証するのである。だから稲のスピリットはその生死を、雨水を司る〝みあれ〟カミに制せられているのである。〝みあれ〟の大神の地位がかがやける上昇をとげればとげるほど、この稲のたましいのカミの地位は低くなってゆき、水の神の隷従者とみなされ、やがて水を支配する大神の散飯《さば》のカミとみなされてゆくのであった。

高河原のカミの森と対峙しながら、おそらくはそれより一段と低い位のカミとみなされていたプレ・豊受神宮は、時代の一般的な趨勢に従えば、当然その地位はますます低下してゆくべきはずの神社であった。たとえば、上賀茂社における奈良神社のように、低位の神社に落ちてゆくべき神格のカミであった。しかるに豊受神宮は、まことに例外的な事例であって、時代の動向に従わないばかりか、逆に珍しくその地位を向上させたのである。

そして六九八年に確立した皇大神宮にたいしては、堂々と対立し匹敵する、名実ともに外宮の地位を確立したのである。このような珍しいできごとはなぜ起ったのであろうか。——それは七世紀後半における南伊勢の土豪たちの勢力関係の変動と、それに対する天皇政府の施策とに理由を求めなければならない（筑紫、前掲書、Ⅺ）。

元来、散飯のカミともなれば、上賀茂社における奈良神社のように、主神の社域のなかに住んでいるべきであろう。朝夕のたべものを、主神のためにサービスするのに都合のよい状態を考えれば、そうあるのが当然だからだ。もし社域を別にする場合でも、伊雑宮にたいする佐美長神社のように、少なくとも同じ川の流域には住んでいなければならない。

それなのに今の豊受神宮は、皇大神宮（内宮）からあまりにも遠くはなれて、しかも別な川の流域にある。それは一見したところ、ひどく不自然にみえることだ。なにしろアマテラスが、外宮の食堂（御饌殿）に、朝夕の食事をするために、山越えまでして往来しなければならぬという現況は、なんとしても不自然である。

しかし、そのような不自然さも、よくよくみてみれば、ちっともおかしくはなかったのであった。――それはもと、外宮とおなじ流域のおなじ村にあったプレ・皇大神宮（内宮）が、その祭祀意識をその川の上流にさかのぼらせ、次いでそのカミが五十鈴川という別な川すじに遷っていった、という七世紀後半の、もってまわったできごとに由来するのであったからだ。内宮はひとり三転して、ところをかえて外宮から離れていった。そして、度会氏の手からも離れていった。けれどもその外宮は、ついに最後まで動かなかったというわけなのであった。

穀霊神の名は一般に、大歳のカミとかウカノミタマとかよばれている。豊受とは、受＝ウケ＝ウカを意味し、ウカノミタマのカミにほかならないので、穀霊神として、格別とりたててかわった名ではない。しかし、豊受姫という固有名詞は、ことによると、天武のころ、大来斎王の時代に、大和の宮廷神の名であったものが、南伊勢の山田の度会氏の祭祀団のなかに持ちこまれてきたものであったかもしれない。

注　豊受神宮の背後の山を、高倉山という。この山の名は神体山を意味するよび名である。この山の頂上に、七世紀半ばのものとみなされる、横穴式石室を有する大きな円墳がある。この入口の開いている石室は〝天の岩戸〟とよばれて、江戸時代の参宮客は、見物のためによく訪れた。けれども外宮の神官は、この古墳をけがれたものとみなし、これに近づいたときは、祓《はら》いをしている。この遺跡のあることを考えてみても、外宮がいまのような形態で存在するようになったのは、意外に新しいことで、どうしても七世紀半ば以後であることは想定できるわけではあるまいか。

白い馬

さて、神都伊勢には不思議な話が多い。

子供時代を伊勢市で過した中山春男氏（三重県文化会館館長、当時）は、「晩方の何時ごろかに外宮、月夜見宮間の道の真ん中をとおると、神体にふれて即死する」と、神宮にまつわる奇蹟の話を大人たちから聞かされて、大いに恐れた、と語っている。

外宮の裏参道の入口と、外宮の別宮の月夜見宮（つまり、外宮の摂社の高河原神社）とを結ぶ幅広い直線路がある。この道は月夜見宮のカミの月読尊が夜な夜な外宮へ通い給う、カミの通い路であった。つまり御幸道だったのだ。

月夜見宮の入口の正面に石垣があるが、夜になると、その石垣の石の一つが白馬と化し

て、入口にたたずんでいる。白馬は頭を社殿の方へ向けて、カミが乗られるのを待ってい
るのだ。夜そこを通りかかった人はその馬を目撃することがある、という。
カミの乗った白馬が道を通るとき、それにぶっつからないように、市民は恐れつつしん
で、夜はこの直線路を通らないのだ。どうしても用があって通らねばならぬ時は、カミの
馬に触れないように道の端を通るのである。
これは外宮のある山田の話だが宇治にもそれに似た話がある。内宮の天照大神も、馬に
またがって夜な夜な遊びに外出されるのだ。
内宮の宇治橋の真ん中には、帯状に長く、板を高くして打ちつけてある。これは決して
右側通行のための境界線ではなかった。橋の中のこの筋道が、実は、カミの乗り給う馬の
通る道すじなのである。人びとはそこをよけてハシを通らなければならない、それが参宮
のエチケット。
それにしても内宮のカミさまは毎晩いったいどこへ通われる、というのだろう。——気
にかかる。
内宮のうまやにつながれている馬は、アマテラスの乗用車だ。その馬は夜中にビッショ
リ汗をかいていることがある、という。カミが乗られた直後だから……というわけだ。昔
の政治権力者は、伊勢神宮や各地の大社へ盛んに馬を献上したものだが、それは今でいえ
ば、カミの乗りものとして自家用車を献納する気持ちであった。高価な贈物だったわけだ。

結論的にいえば、月夜見宮（高河原神社）のカミがもともと内宮のカミであったからこそ外宮に夜な夜な通われたのであったろう。そしてその河原のカミが、流域変更をして五十鈴川上の宇治に住まわれてからも、夜な夜な通われる先は、やはり宮川河口デルタにある外宮であったのだ、と臆測しても、多分その推測は外れていないのだろうと、私は思うのである。

志摩郡磯部町の人たちは、そこにある皇大神宮の別宮の伊雑宮を内宮とみなし、その外宮は佐美長神社であると信じている。そしてその両者を結ぶ道路は御幸道とよばれ、やはりカミの通い路と信じられているのだ。

XII 固有信仰の復元

民俗信仰を凝視したその目をもって古典を読めば、神話の謎の扉は開かれる。問題はただ、固有信仰が生きている、という日本の伝統的な現実の中に伏在しているのだ。天皇家の信仰の母胎も、民間の信仰も、その本質は異ならなかった。

海女の垢離かき

神話や伊勢信仰の背景を成し、古い風習を今に伝えている三重県下の正月行事のなかでも、志摩の石鏡《いじか》の、大晦日《おおみそか》から元旦にかけて行なわれる一連の行事は特に珍しい。そこでこれをややくわしく述べてみたい。

鳥羽市石鏡町はつい二、三年前までは、陸の孤島と呼ばれても少しも誇張ではないほどに、海陸共に交通の不便な漁村であった。

石鏡は海女《あま》の村。旧暦の大晦日の午後、太平洋に臨んだ村の港では、漁船が船名を白く染めぬいた赤い旗をそれぞれに押し立てて、賑やかな眺めだ。海女舟にまつっている船霊《ふなだま》さまにさしあげるために、赤飯や、小さな丸餅のおかさねなどをのせた膳を、若い海女たちが捧げてゆきかう風景がいかにも年の暮を感じさせる。おしせまったあわただしいが花やいだふんい気だ。

小さな家が密集したこの漁村では、家屋の戸口の両脇の柱に〝つぼき〟と呼ばれる正月の飾りものがかけてある。これは椎や松の小枝や藁縄をくくりあわせたもので、正月神のよりつくもの（依代）らしい。また門松はたてないで、馬目《うまめ》の木を家屋の前庭に立てている。これが元日を迎える、ここのならわしだ。

日暮れごろ「福は内、鬼は外」とよぶ豆撒きの声が、戸ごとにきこえてくる。この村で

大晦日、海女舟に供えものをする

民衆から選ばれた司祭者たちの礼拝

は豆撒きは節分の行事ではなくて、大晦日の夕方の、清めの行事なのだ。

日が暮れると、村の祭りにこの一年間当ることにきまった当人が三人、一族の若い衆二十人ばかりひきつれて一軒一軒を訪れてまわる。この行事をオチネと呼んでいる。戸ごとに米一升を、村の祭りの経費として集めてまわるのだ。威勢のよい掛け声で「ヤサ、ヤサーオー」と、暗く冷たい村中の空気をふるわして、夜の一時ごろまで行列は巡廻する。そしてオチネの終るころ、各戸から必ず井戸へ若水汲《わかみず》みにゆく。途中でひとにあっても決して口をきかない。

このようにして村びとは大晦日から元日の朝にかけては、寝る暇はない。このごろでこそ少し暇をみつけて寝るひともあるが、むかしはわざと決して寝なかったものだ。

若水迎えの終る午前三時ごろから垢離かきがはじまる。これは実に、県下に数ある正月行事のなかでも、たしかに圧巻というべきもの。

まだ暗い三時ごろから、家々では病人や幼児のほかはみんな、三々五々うち連れだって浜辺に出て、全裸となり、海中に身をひたして垢離をかく。つまり、みそぎをするのである。潮のなかに立って東方に向かって、合掌礼拝して一年間の無事と豊漁を祈る。それは太陽に祈るこころなのだ。

純粋な海女の村である石鏡だから、男がなまけて潮垢離に出ないものがあっても、海女たちは必ず、ことに熱心にこの行事に参加する。だからちょっとみると「これは海女の総垢離なのか」と思い込むほどに、若い海女たちの姿が多く、その態度は真剣なのだ。

垢離をとりおわると人びとは、めいめいバケツに用意してきた若水（沸かしてある）を身にかける。体を拭き、きものを着ると、こんどはその磯辺の波打ち際の小石を数個ひろって、それを空になったバケツに入れる。この小石を家に持ちかえって神棚にあげ、一年間まつるのだ。

この石鏡の垢離かきの行事は全国的にみても珍奇と評することができるが、これを目撃

志摩石鏡の垢離かき

大漁旗をかざったにぎやかな正月風景

するものには厳粛の念をおこさせ、まことにまじめで感激的な情景なのである。

このようにして元旦の未明に、おもいおもいにうち連れだって暗い浜辺に降りたつ村びとはあとをたたず、やがて東の空がほのぼのとあけ初める六時ごろまで、この垢離かきはつづけられる。

ゲーター祭と輪じめ縄

伊勢湾口に浮かぶ神島の正月行事も珍しい。それは旧正月の元旦、まだ暗いうちに海岸で行なわれ、ゲーター祭と呼ばれている。太陽の霊魂の復活祭なのだ。ぐみの木を編んでつくった直径六尺の輪（白布または白紙を巻いてある）を、大勢の村びとが集まって、めいめい手に持った女竹のさきで、空中高くさしあげて気勢をあげる。このぐみの輪は日輪をかたどったもので〝日《ひ》の御像《みかた》〟とよばれている太陽のシンボルだ。村びとは手にした竹で猛烈なたたきあいをかなり長い時間をかけて演じ、最後にこの日輪のシンボルを氏神のやしろに奉納する。

これは村びとが太陽のスピリットを激励して、活力を甦らせようとする行為である。真冬には太陽はその威力を失って、光も力弱く衰えているが、その太陽に元気を復活させようとする迎春のマジックなのだ。

だいたい太古の人びとの霊魂観は次のようなものだった。——真冬には太陽の霊魂も人間の霊魂も、活力が衰えて枯死しようとする。そこで村びとは集団的にまつりを行なって太陽の霊魂を激励して復活させ、その若々しい霊魂を人間にもわけ与えて貰って、一年間の生命力をわが肉体につけようとする。神島のゲーター祭はそういう性格を持つ正月行事の典型的なものなのだ。

ところでこの神島の〝日の御像〟に似たものが二見の浦にもある。それは輪じめ縄だ。夫婦岩のそばの二見輿玉神社では、参詣者のもとめに応じて小型の輪じめ縄（しめなわを丸く結んだもの）を与えており、参詣者がこれを購って神前に捧げている姿をみかけることができる。だがこれは輿玉神社だけではなくて、二見地方の人たちの古い風習だったらしい。しかもそれは元来は迎春のための正月の風習だった。

私は二見町にある伊勢神宮の古い摂社の社前に、村びとが手作りにつくったいびつな輪

輪じめ縄

じめ縄が、正月の捧げものとしていくつかあげられているのを目撃したことがある。

この輪じめ縄は神島のゲーター祭のぐみの輪と同じように、太陽をかたどったものなのであろう。だいたい夫婦岩の海岸では、いまでこそやらなくなったが、昔は参宮道者が海にはいってみそぎをした。垢離かき場だったのだ。輪じめ縄を正月の若々しい太陽に捧げて、海中に身をひたし、遥かかなたの海上にさしのぼる太陽の生命力をわが身に分け与えられることを祈ったのが、二見の浦へ元旦に初詣でする人たちの本意であったのだろう。

盤の魚となまこ引き

このようにして考えてみると、海に体をひたすという、さきにのべた石鏡の村びとの行ないも、実は正月のカミである若々しい、太陽霊を海岸に迎えるための行事だったのだ。わが身に太陽のスピリットをつけ、また海岸の小石にやどった新生の太陽霊を、わが家の神棚に迎えいれて、一年間、家の守り神としてまつったものなのである。

元日の朝早く、遠くから村里に訪れてくる正月神というものは、実は元来、こういう、太陽霊＝海のカミ（常世《とこよ》カミと呼ばれる）だったのである。

そして、そういう海のカミは、海の動物の姿となって海岸に訪れて来るものと信ぜられたらしいのである。

それについては、志摩郡浜島町の宇気比神社で旧暦正月十一日に行なわれる〝盤《ばん》の魚《うお》〟という神事が注目に価する。これは海から獲れた魚を神前で調理して、参列者が食べるもので、またその魚の頭は漁業協同組合などに持ちかえって、神棚にまつるのである。そして浜島では戸ごとに、小魚を海から獲て、身を食べ、頭と尾を門口にさしておく。

これらの意味を吟味してみると、海のかなたから陸地に訪れてくる正月神は、海の動物の姿と化してはるばる游泳して来たのであった。そういう正月神そのものである魚を、人間がたべるということは、人間が再生したカミの一年間の生命力をわが身につけたことになる。また、魚の頭を神棚にまつったり戸口にさすのは、正月神の祭祀にほかならない。

鳥羽市今浦では、小正月の旧暦一月十五日に行なわれるカミ祭りは村をあげての行事だが、その前日〝なまこ引き〟をし、村びとが海へ行ってなまこをとってくる。そのなまこをこの日、ごちそうに使う。

今浦では村の全戸を半分に割ってよび番とよばれ番に分け、一年交代で相互に相手方を招待してこの日ごちそうする。よび番では吟味役と亭主各一人を選定。七度半の使をたてて、ていねいによばれ番の戸主たちを神事宿へ招待する。ごちそうは故意にたいへんまずく味付けしておく、など、はなはだ古風なしきたりをのこしている。

この行事のために前日、なまこをとってくるのは、なまこが海のカミと意識されていたからだろう。これまた正月カミ迎えにほかならない。なまこに正月のカミ、つまり常世カミがよりついていたのである。

ここで思い出されるのは古事記の有名な次の一節である。

是《ここ》に猨田毘古神《さるだびこのかみ》を送りて、還り到りて、乃ち悉《ことごと》に鰭《はた》の広物《ひろもの》、鰭《はた》の狭物《さもの》を追ひ聚《あつ》めて、「汝《な》は天つ神の御子に仕へ奉らむや。」と問言《と》ひし時に、諸の魚皆「仕へ奉らむ。」と白す中に、海鼠《こ》白さざりき。粛《ここ》に天宇受売命《あめのうずめ》、海鼠に云ひしく、「此の口や答へぬ口。」といひて、紐小刀《ひもかたな》以ちて其の口を析《さ》きき。故、今に海鼠の口析くるなり。是を以ちて御世《みよ》、島の速贄《はやにえ》献る時に、猨女君等《さるめのきみども》に給ふなり。

なまこは古典のなかでも、かなり重要な場所に、その存在を誇示している。

元日と小正月

三重県の正月風俗を追うてみると、その珍奇なものはだいたい南寄りの志摩半島あたりに多く残っていることがわかった。それは非常に古い正月のカミが海のカミであったためである。

そこで県下の正月行事の標準的なようすを次に掲げておこう。これは亀山地方のしきたりである(『鈴鹿』十四号)。

元旦　神社や寺では四方拝・元旦祭などの行事を行なう。家庭ではぞうにを食べてとそを祝い、にまめ・たつくり・かずのこが元旦の食物とされている。そして鏡餅・しめなわ・門松が飾られる。鏡餅の飾り方は、一番下に半紙を三角形に折って敷き、その上に大きい餅をのせ、うらじろをはさんで小さい方をその上に、またもう一つ上に、みかんや柿ぐしを置く。

鏡開き(四日)　嫁入りをしたり、むこ入りをした人が父母のもとへ餅を持って来て、三日間ほど床の間に飾り、この日それを食べて祝う。

七日正月　各家庭で七草の粥をこしらえて、まず神様へ供え、食べる。これはその人に万病なく年中邪気を除くためといい伝えられている。また門松・しめ縄をはずし、宮さんへ集めて焼きすてる。

小正月（十五日）あずき粥をあずきと餅で作り、神様に供えて食べる。

その他、一月の行事に、初観音・初地蔵・初天神・初大師がある。

正月のなかでも元日・七日・十五日が大切な日だったことがわかる。

石採り

初夏の梅雨どきは、大切な祭りの季節である。三重県下でもめだって珍しい神事は、正月のほかは、たいていこの時期に集中して行なわれている。

日本の古い固有信仰では、一年のうち正月と初夏と二回だけ、カミは地上に、遠隔地（海または天）から訪れてくるものと信じられていた。県下に梅雨どきの珍しい祭りがたくさんあるのは、そういう昔の信仰のなごりなのである。

それらをいくつかひろいあげてみよう。

先ず、桑名の石採《いしと》り祭。早くから自治的な港町となって栄えた都市らしく、その祭りは町々から山車《だし》をあまた繰り出して、かね、太鼓で囃《はや》す都会的な華やかさ。江戸の下町の祭りにも似た粋な、せんれんされた興趣がある。しかしこれにも古い信仰の姿は残っていた。

石採り祭というその名が示しているようにこの祭りの中核は、実は、町屋《まちや》川の河原から石（砂利）を採取して車にのせ、春日神社の境内のなかの聖地に運び込んで置くという、まことに風変りな行事なのである。これは目立たぬけれども、今でもひそやかに、毎年行なわれつづけている。

志摩郡大王町船越の船越神社でも、きまった祭りの日に村びとは岬の大磯という海岸から白い砂利を運んできては、社殿のまわりに敷きつめる。それを毎年一回ずつ、繰り返し行なってきているのである。その敷きつめられた砂利を汚さないために、参詣者は境内の入口で履物を脱がねばならぬ。神域の砂利は土足で歩いてはならないのだ。はだしになるか、または入口に常備してある草履にはきかえてはいるかしなければならない。

越賀神社の下足参詣

志摩町越賀の氏神さまには、境内の入口に「下足」と書いた札が置いてある。鳥居の内にはいるためには人びとははだしになることを強要されるのである。しかし玉砂利が美しく敷きつめられた境内を、はだしで歩く感触は、なかなか快いもの。原始のこころを皮膚で感得する、という実感がある。

伊勢市の豊受神宮の境内に、お稲

荷さんと呼んで、市民から崇敬されている神木がある。月参りする熱心な信者が多い。これにお参りする人びとは神木の根もとの白い小石を一個ひろって財布に入れる。そして次にお参りした時にそれをもとの地面に戻し、別な一つをひろってまた入れる。こうして小石をもっていると、金がもうかり、幸福になると信じられているのだ。

こういう不思議な小石の取扱いは、いったい何が原因なのであろうか。それは鳥羽市石《いじ》鏡《か》の正月行事をみると、わかる。

そこでは旧正月元旦の未明に海女たちが海に身をひたして〝みそぎ〟をする。そのとき波打ち際の小石を数個ひろって家にもちかえる。そしてエビス貝(三つ穴の空いているあわび貝)の上にそれをのせ、神棚に上げて一年間まつっている。このようにして年の暮れもおしせまってくると、十二月のある日、この石を海に戻すのである。その日は〝すすはき〟と呼ばれる、大切なもの日なのである。

米の飯《めし》や、正月か盆か、親の年忌《ねんき》か、すすはきか。

と志摩地方の俚謡にうたわれたように、常食ではない白米を食べることのできる、一年に指折って数えるほどしかないうれしい日でもあった(もっとも戦後は食生活はすっかり変っているが)。

石鏡の浜辺の小石は、確かにカミの憑《よ》りついている石である。常世《とこよ》のカミ（海神＝太陽神）が正月に陸地に来訪して、この小石にやどっていると信じられて、神棚にまつられたのである。

このようにみてくると、桑名の石採り祭も船越の石とりも、実は、石鏡の浜辺で石を家に迎え入れるのと同じ感覚の行事なのであった。初夏のまつりが、正月の行事と同質のものであることがわかる。

注 そしてこのような石採りの神事は伊勢神宮の内・外宮にもあった。それが〝お白石持《しらいしも》ち〟である。二十年にいちど行なわれる遷宮の際、神領の民は宮川の河原から〝白い石〟を採取し、運んで神宮の内・外宮の本殿の下やそのまわりに敷きつめる。——これは太古から現代まで、変わることなく続けられている、注目すべき神事だと、いわねばならない。この行事は、伊勢神宮のカミが元来は、伊勢・志摩の民衆によって定期的に迎えまつられる〝来訪神〟であったことを端的に物語っている。このお白石持ちの行事は、民衆の参加する伊勢神宮のカミまつりなのである。この行事こそ、皇大神宮の起源は宮川にあり、宮川に〝みあれ〟するカミを村国《むらぐに》の祭り場に迎え入れた、古代の村びとの心意を伝承した行事なのであろう。

皇大神宮のカミの起源が宮川の水神祭に発しており、像石《かたいし》（カミのよりつく石）を村びとがまつる神事から起っていることは、このようにして、明白であるといわねばならぬ。

潮かけ

石鏡の海女は旧正月の冷たい海に身をひたして太陽を礼拝する。それはカミの若々しい生命力をわが身に分け与えてもらい、一年間の活力の保証を願うためであった。それと同じ性質の行事が、初夏にはもう一度各地で行なわれる。志摩町和具の潮《しお》かけ祭は観光ブームに乗ってちかごろ有名だ。この日、村びとは浜辺に出て、お互いに潮をかけあう。通りがかる人は誰でもつかまえて、海に投げ込む。村びとがこぞって初夏の海に身をひたすという信仰習俗が根底にあってこそ、この珍奇な風習は生まれた。

伊《い》雑宮《ぞうぐう》は伊勢神宮の別宮《べつぐう》で、志摩の磯部町にあるが、そのお田植え祭に奉仕する男女はみなそろって、その前日に、伊雑浦のカミヤ島とよばれる海底の神聖な岩のほとりで、海にはいって垢離《こり》をかいた。つまり〝みそぎ〟をしたのである（最近では簡略化して、舟の上から海に手をひたして洗うだけ）。その行事を〝潮かけ〟と呼んでいる。

カミヤ島のある海岸は潜島《くくりしま》と名づけられている。古典にはククリ姫というカミの名がみえているように、水中をくぐることは、正月と梅雨どきの大切なカミ祭りの、だいじなしきたりなのであった。

鳥羽湾の菅島では、白崎という禁漁区の海岸で、島じゅうの海女が集まってあわびを採り、カミの社前に捧げるという、季節の行事がある。しろんご祭である。白い磯着の海女たち二百人がいっせいに海に泳ぎ出て潜る光景は、いかにも漁村らしい初夏の風物詩だ。しかしこういう生活的な風俗からもカミ迎えのために海中に潜る、という原始的な信仰の残映は明白に看取ることができるのである。

杉の小枝

初夏のまつりは、正月と同様に、石と水とに深い関係がある。それは水中でカミが誕生（み生《あ》れ）し、次いで石にカミがよりつく習性があると信じられていたからだ。カミはまた、石のほかに、木にもよりついた。正月の門松がそれであるが、初夏にも同じ種類の木の信仰がみられる。

鳥羽の市街の南のはずれに赤崎《あかさき》神社がある。伊勢神宮の外宮の末社だ。ここには、ゆかた祭と呼んで市民に親しまれている季節の行事がある。梅雨あけが間近い一日、ふだん訪れるひとのない社頭には露店がならび、市民の群れが雲集してお参りする。鳥羽の人たちは、この日はじめて浴衣をきる。神社の境内で杉の小枝を買ってかえり、家の軒先に懸けておく。そうすると病難をのがれる、という。

この杉の小枝は、正月の門松と同じように、カミの憑《よ》りつく木（依代《よりしろ》）と信じられていた、とみなければなるまい。

なお、鳥羽の赤崎神社のカミは荒崎姫であるが、それはあれおとめ（たなばたつめ）を意味する名であることを、くどいようだがつけ加えておく。

田植え祭

正月のまつりの目的は、冬に光と熱の活力が衰えた太陽の、そのスピリットを激励して、その生命力をよみがえらせるため。正月のカミを祈る気持ちは、復活した太陽の生命力を、人間にも分け与えてもらうためであった。初夏の季節に祭りが盛んに行なわれるのは、活力の充実した太陽霊に願って地上への来臨を求め田のカミとなって稲の生長を守護してもらうためだった。

このようにして真冬と梅雨の季節との二回は、カミが地上に訪れる〝み生《あ》れ〟の季節なのであった。

うっとうしい梅雨をおして、伊勢神宮や伊雑宮、猿田彦神社（宇治）などでお田植え祭が毎年盛大に行なわれるのにはそういう由来があったのである。

固有信仰の復元

固有信仰を無視しては民俗を論ずることができないのが実情だ。民俗学においては固有信仰の原型の復元がその主要な関心事の一つになっている。そして研究を集約してゆくと、日本の本来のカミは唯一つのカミということになってゆく。

伊雑宮のお田植え祭

その唯一つのカミとは〝海から天へ〟の変遷をとげた外来のカミ（常世のカミ＝天つカミ）であったのだ。しかもそのカミの経めぐりのコースは、人間の祖先の霊魂の経めぐりのコースでもあると思われ、カミと祖霊（祖先神）とは習合されて、同一視されるようになった。その結果、山のカミ・田のカミ・祖先神・正月神は、今でこそ分化して別々の神格となっているが、元来は一つのカミであったとみられている。これらのカミが相互に同一視されて、もともと同根であったことを窺わせる資料は多い。大事なことであるから、これについて若干例をあげて解説して置こう。

広島県神石郡の田植え唄は、「天竺の、高天原に神あれば、年神《としがみ》様と申します。年神は三月迄は祝い神。三月過ぎれば田の神よ」と唄い、正月神と田のカミとを同一視している。三重県亀山市川崎町では、田のカミは新暦十二月七日に山のカミになるといわれ、この日の午前一時ごろ部落の人がみな河原に集まって、柴と藁を積み上げて焚く。この行事を〝山のカミのどんどこ〟という。そして山のカミは春になると田のカミになり、たながみさんと呼ばれる。以上の資料を結ぶと正月カミ＝田のカミ＝山のカミであるが、更に同市椿世町の燈籠焼《とうろうやき》という盆行事は、正月神と盆祭りの祖霊とが実は同様に祖先神であったことを偲ばせる点で興味がある。新暦八月十六日の夕方、河原に組んだ大松明《たいまつ》に火をつけて、初盆の死者の霊がこもっている燈籠をこれにかざして焼く。空に立ちのぼる焔にのせて霊魂を天上界に送りとどけるのであるが、その感覚たるやまさにトンド・左義長《さぎちょう》と同一である。小正月の十五日に広く全国的に行なわれるトンドとも左義長ともよばれる行事が、正月の間祀った年神を送り出すための火祭りであることは周知の事実である。正月神＝祖霊は、正月と盆の年二回に、定期的に子孫の家を訪れては饗応をうけ、いずれの時にも火祭りの焔に乗って立ち去るのであった。いまでは京都の納涼の夜空を彩る景物となっている大文字《だいもんじ》も、もともと椿世の燈籠焼きと同一性質の行事であり、同類の火祭りは各地に数が多い（南伊勢の五十鈴川口に近い答志島の桃取では、盆行事の最後に人形をのせたわら舟を沖に流し、その翌日は八朔〈八月一日〉で、正月が訪れるといい、日待《ひま》ちをする。盆の終りは同時に新年なのである。つまり新年は、年に二回あるのである）。

盆に先立って初夏の田植えどきのまつりがある。たとえば六月十五日の皇大神宮の、贄《にえ》の海《うみ》の神事《しんじ》もそれである。梅雨時《つゆどき》から盆にかけての頃が、カミや祖霊の来訪する季節であったのだ。カミが海から来るように、元来は祖霊も海のかなたから来て海へ送りかえされていた。河原で祖霊を送り出す習慣が全国的に多いのは、川が海へ通じているからだ。また、いっぽう、天上へ祖霊はかえってゆくとも思われていた。

志摩の石鏡《いじか》では、正月元旦には村のひとはみな海に入って垢離《こり》をとり、常世のカミを迎える。しかしまた同時に、山から木を切ってきて家の入口にたててまつる。これは天つカミ（それがつまり山のカミなのだ）を木によりつかせて、山からわが家へ迎えてくる行事なのだ。そういうことになると、ここでは村びとは、年のはじめの同じ時に、常世のカミと天つカミの両方のカミ迎えの行事をやっていることになる（もちろん、共に、同一の正月神をまつっているという意識なのである）。

和歌山県の高野山や、南伊勢の五十鈴川すじの朝熊山には、死者の骨や髪・爪を納めてまつる寺が建立された（志摩の青の峰にも類似の信念が認められる）。しかもそれらの山は、もともとは天つカミが降臨する霊山だったのである。

村びとはカミの山に祖霊がこもると考えたので、こういう習慣ができたわけだ。天皇家をはじめとして日本の各地の土豪たちが、天つカミを思い思いに人格化しては固有の名をつけて、しかもそれをじぶんたちの血縁的な祖先のカミにしてしまったのは、このような民俗的な背景があったからである。

折口民俗学の実証性

〝常世のカミから天つカミへ〟のうつりかわりは、民俗学をまなぶものの間ではほとんど学問的常識となっている固有信仰変遷史なのだ。けれども従来、折口博士も柳田翁も、そういうカミの経めぐりを、具体的に、たとえば歴史地理学的に地域に密着したいいかたでは説明されなかった（それに、カミ観念変遷の年代の説明が不足している）。

だいたいこの二人の学者には、古典と民間伝承の豊富で具体的な知識がありながら、文章表現はきわめて大まかで要約的に解説し、結論をみちびき出される傾向があった。それゆえに民俗学徒以外のひとからは、折口・柳田民俗学は抽象的・観念的な論理のくみたてと思われた。つまり直感的で文学的と思われてきている（本当は二人の学者とも、その論理の背後には確実な実証が横たわっているのだが、行文のうえで読者はそれを読みとることができない）。そこでその実証的な説得力を疑われるかたむきがあった。

そういうなかで私は、この本では折口・柳田民俗学、ことに折口学のアイディアを、古文献と結びつけて、実証史学の立場から、殊に即地的な手法によって証明してみようと試みたわけである。日本神話の基本構造に関連させながら、皇大神宮関係の古文献を使用して、贄《にえ》の海《うみ》の神事にはじまる一連の神事を解説したのがそれであった。また他の地域や神社の、信仰変遷史を追加して説明し、実証の補強としたのである。

ダイジェスト・日本の神話

初夏のうっとうしいツユどきは、全国の各地で盛んに祭りのある季節だ。それは、神が田に訪れて稲作をみまもってくれるとき、と昔から考えられたためである。

日本神話の天孫降臨の物語に、猿田《さるだ》彦《ひこ》という神が活躍するが、これはそういう〝田に訪れてくる神〟の名であったらしい。「さる」ということばには「やってくる」とか「誕生する」とかいう意味がある。神が遠い海のかなたから陸地にやって来て、田の中で誕生し、稲の成育をみまもってくれる、と古代の人びとは考えた。

日本の海岸の各地に、猿田浜とか猿田岬という地名があるが、これはそういう海神の上陸する聖地であった。猿田はまた佐田ともよばれる。

しかもこの神は、太陽のスピリットだとも思われていた。北九州にあるいくつかの装飾古墳には、太陽が舟に乗って、波をけって陸地に訪れてくる姿がえがかれている。こういう信仰は、昔ばかりでなくいまでも残っている、たとえば伊勢神宮の別宮《べつぐう》の伊《い》雑宮《ぞうぐう》の、六月二十四日のお田植え祭には、太陽が舟に乗っている絵を大うちわにえがいて、神田に立てる。太陽舟は帆に風をいっぱいはらんで、伊雑宮めざして訪れてくるのだ。

このように、猿田彦は田植えにくる神なのだが、それはまた同時に太陽の精霊でもあったのである。

猿田彦の神の子孫は宇治土公《うじのつちぎみ》氏で、太古からつづいた皇大神宮の神官の家すじだ。この家と日本神話との関係は深い。なぜなら、『古事記』を読み習って取りまとめた稗田阿礼《ひえだのあれ》が、宇治土公の女系家族であるからだ。彼女は天の岩戸で舞踊をしたという、名高いアメノウズメの子孫なのである。

だいたい、宇治土公氏は五十鈴川すじ集落国家の首長だったが、氏の女性を都にさしだして、天皇家に、自分たちの地方神話と信仰を捧呈した。

海のかなたに住む太陽のスピリットは、アマテルと呼ばれ、宇治土公氏をはじめ、全国の海民の共通の守護神であった。宇治土公氏はその神を天皇家にささげ、それはアマテラスと名をかえた。そのかわりに宇治土公氏は、実はアマテルと同一の神である猿田彦を、氏の祖先神と定めたのである。

日本神話を単純化してみると、ますアマテラスが海岸で誕生し、その神がいつの間にか天に住みついて、しかもその孫が山をつたわって川上の聖地に降臨し、地上の王になる、というのがその骨組みなのだ。ところがこういう神話なら、皇大神宮の古い信仰のなかにあるのである。

明治維新のときまで、毎年、皇大神宮では旧暦六月十五日になると、神官が二見の浦の海岸へ出て、海神を迎え、それを舟に乗せて、五十鈴川をさかのぼり、川上の聖地の宇治でまつった。これが興玉《おきたま》の神で、沖の魂という意味だ。翌日には皇大神宮の境内の五十鈴川の手洗い場で天神《あまつかみ》をまつる。それは天に住むアマテルが、神路山をつたわって地上に降臨し、河流の水の中で誕生するまつりなのだ。だから神路山は一名、アマテル山とも呼ばれている。そのまた翌日が、本格的な皇大神宮のアマテラスのまつりになるのである。

海の神が、川上の聖地でまつられ、それがたぶん六世紀半ばごろの信仰変化のために、海ではなくて天に常住しているものと信じられるようになったとき、高天原の観念は成立した、だから二見の浦はアマテラスの誕生した海岸で、皇大神宮のある五十鈴川の川上は高天原なのだという民間伝承はあるのである。同じタイプの伝承は、志摩の神路川すじにもある。

こういう神の観念の信仰変化は、その昔、全国共通に、一つの川すじごとにどこでも行なわれている。日本神話は、そういう村国《むらぐに》の地方神話をもとにして創作された。だから、日本的規模で雄大な構想のもとに〝つくられた日本神話〟ではあっても、日本の民衆はそれをムード的に親愛し、理解して、普及させたのであった。

解説　海から来る神に日本神話の原像を見る試み

金沢英之

本書の著者、筑紫申真（一九二〇〜一九七三）は、中学・高校の教師として教鞭を執りながら、日本の神話、ことに天照大神《あまてらすおおかみ》（以下アマテラス）という神格の誕生を追求する研究を、在野の立場から行った研究者である。その研究手法は、國學院大学時代に師事した折口信夫の民俗学の影響を多分に受けつつ、そこから得られた古代信仰史的考察を、歴史学の知見や文献史料の分析と結びつけ、より具体的・実証的に定位してゆこうとする点を特徴とする。主著に一九六二年の『アマテラスの誕生』（角川書店、現在は講談社学術文庫に収録）があり、本書『日本の神話』はそれにつづく単著として一九六四年に河出書房より刊行された。

本書は、内容的にも前著『アマテラスの誕生』で示された方法と結論を受けつぎ、展開したものとなっているが、前著での結論はすでに自明のものとされ、論証を省略して進んでゆく箇所も多いため、本書で初めて著者の論に接する読者は、話の筋道に唐突さを感じる点も少なくないであろう。そこで、前著で開示された著者の論のあらましをここで説明しておこう。

前著はその題名が物語るとおり、『古事記』『日本書紀』といった古代の古典が記す神々の世界の主神であり、天皇の祖先神とされるアマテラスが、そのような存在として成立する以前の姿を追求したものである。そこで方法上の基軸となるのは、折口信夫『古代研究』収録の諸篇から抽出されたいくつかのテーゼだった。なかでも、日本の古代信仰が、海岸部に居住した民による、海の彼方の〈常世《とこよ》の国〉から寄り来る神への信仰を根底とし、彼らの居住地が次第に川を遡り山間部へと移ってゆくにつれ、山の神への信仰や、さらに天の神に対する信仰へと転化していったというもの（「妣が国へ・常世へ」、「古代生活の研究」、「翁の発生」、「山のことぶれ」等）、および、神（あるいは神となるべき貴種）の忌みごもりの後、水辺での浄めを手助けし、新生（ミアレ）した神の妻となる女性＝〈たなばたつめ〉の存在を説くもの（「水の女」、「貴種誕生と産湯の信仰と」、「たなばたと盆祭りと」等）とは、前著と本書を通じた著者の視角を決定づけている。

そこから著者が導き出した論の要点を述べれば、以下のようになる。後にアマテラスとなった神格は、本来、海の彼方の常世から来訪する、太陽そのものである神（日神）であり、海岸や河口のそばで祭られていた。それが次第に、川を遡った山中へと信仰の場を移してゆくにつれ、天から山上に降臨して川辺へと導かれ水中でミアレする神へと姿を変えてゆく。その過程で、たなばたつめとして神を迎える女性（オオヒルメ＝太陽の妻）と神とが同一視されるようになり、太陽の女神として人格化されたこの神をモデルに、天皇家の祖先神として作りあげられたのが、『古事記』や『日本書紀』に描かれたアマテラスであった。このようなアマテラスが作りあげられたのは、アマテラスを皇大神として祭る伊勢神宮の創始と軌を一にしたはずである。その時期は『日本書紀』に、天武天皇が大来《おおく》皇女を伊勢斎宮に定めたとする天武二（六七三）年（十一世紀末の歴史書『扶桑略記』はこれを斎宮の初めとしており、この点を著者は伊勢神宮の創設につながるものとして重視する）以降、『続日本紀』に「多気《たけ》大神宮を度会《わたらい》郡に遷す」とある文武二（六九八）年十二月（著者は「多気大神宮」は現在の宮川上流、滝原神宮のある場所に建てられた伊勢神宮の前身であるとし、この記事に現在の伊勢内宮の成立を見る）以前に限られる。『万葉集』に収められた柿本人麻呂の草壁皇子挽歌（六八九年）ではこの神を「天照《あまて》らす日女尊《ひるめのみこと》」と呼んでおり、いまだ「天照大神」の呼称が成立していないことからすれば、最終的な完成は、六九八年を遡ること数年の頃と見定められる。壬申の乱に勝利した天武天皇と、その皇后であり後を継いだ持統天皇による天皇権力の絶対化を、神話的・信仰的に確かなものとするため、アマテラスと伊勢神宮は作りあげられた。このとき、アマテラスの前身となった神（著者はこれをプレ＝アマテラスもしくはプレ＝皇大神宮と呼ぶ）や、アマテラスの神話に関わるサルタビコ神やアメノウズメ神、あるいは、天の岩戸神話のプロットをなす鎮魂祭の縁起等の素材を提供したのは、度会氏や宇治土公《うじのつちぎみ》氏である。彼らは、宮川や五十鈴川の流域を支配域とし、当時朝廷の支配に組み込まれつつあった、南伊勢地域の有力氏族たちだった。だからこそ、皇大神宮は、天皇の居住する大和の地を離れた南伊勢の地に営まれることとなったのである。

以上が前著で展開された主張の概要であるが、著者が自説の拠り所とした折口信夫の場合、常世から寄り来る神やたなばたつめといった鍵概念を提唱しながらも、それらは特定の地域や時代の信仰として具体化されることなく、史料として残された以前の時代にあり得たはずの固有信仰の姿として述べられていた。それに対し、著者の研究は、著者自身が本書の末尾で述べているように(「XII 固有信仰の復元」)、折口民俗学の提示したアイディアを、具体的な地域と時代に即したかたちで実証しようとしたものと言うことができる。

こうした姿勢から生み出された著者の研究については、「独創性には富むが、帰納的な実証性は、やや乏しい」という松前健「日本神話研究の動向」(『日本神話の形成』昭和四十五年。この他、前著に対する学会の反応と評価は、講談社学術文庫『アマテラスの誕生』の解説(青木周平)に要を得たまとめがある)の評が当たっていよう。著者の論法には、推定を重ねて得られた結論を、次からはすでに証明された事実として留保なく用いてゆく強引さがしばしば見られる。

その一方で、『日本書紀』のような古代の史書が、伊勢神宮を古来(第十一代垂仁天皇の時代より)連綿と存在してきたものと語り、皇室の祖先神としてのアマテラスの活躍を神代の出来事として描き出すことを批判し、『古事記』(七一二年)や『日本書紀』(七二〇年)の編纂から遠からぬ時期に、天武・持統朝における天皇権力強化への志向を背景として、皇大神アマテラスや、それを祭る神宮が作りあげられたとした指摘は、今日の学問的水準からも有力な一説と評価される、著者の研究の到達点であった。また、『古事記』や『日本書紀』に描かれたアマテラスの向こうに、それ以前の、民衆の信仰の中に生きた神の姿を見出してゆこうとする、本書にも通底する著者の視線には、戦前・戦時中の皇国史観に利用された神話を、民衆の生活や信仰に根ざしたものとして解放しようとする願いを読み取ることができよう。

本書もまた、そうした前著の方向性を引き継ぐものだ。前著においては、皇祖神アマテラスとして形象化されるひとつ前の段階の、プレ=アマテラス神の姿の追求に焦点が置かれていた。それは、五十鈴川の川上の宇治で祭られていた地方神であり、内宮から川を距てて西、神路山の鼓ヶ岳に天から降り、五十鈴川のほとりに運ばれて川の流れの中でミアレする神として描き出される。それに対し、本書がまず究明に向かうのは、そのようなプレ=アマテラスが、五十鈴川の流れを遡り、宇治の地に天降る神として定着するさらに以前、五十鈴川の河口で祭られていた、プレ=プレ=アマテラス(プレ=プレ=皇大神宮)の姿である。それは、年に一度、海の彼方の常世から海岸の地をめざして寄り来る、太陽の神であった。祭の日、司祭者は水に潜って神のミアレに奉仕し、神の魂をその身につけたのだという（「Ⅱ 日本神話の基盤」、「Ⅲ 海から天へ」）。

こうしたプレ＝プレ＝アマテラスに対する信仰の段階がかつて存在したとするアイディアは、前著『アマテラスの誕生』においても述べられていたが、そこでは具体的な分析が展開されることはなかった。本書では、新たな資料として、建久三年（一一九二）の日付を持つ『皇太神宮年中行事』がとりあげられる。そこには、毎年の六月十五日、内宮の神官たちが五十鈴川河口の神崎《こうざき》へ下り、三種の贄《にえ》を採り海岸の岩の上に安置したのち、神宮へ持ち帰るという神事が記されている。著者はここから、如上のプレ＝プレ＝アマテラスの姿を想像的に復元してゆく。それは、五十鈴川流域の本来の支配者であった宇治土公氏が、海辺に迎えた常世の神を、彼らの本拠である五十鈴川上へ誘引するためので儀式であったとし、やがて海の神は天の神へと転化されていったのだという。

河口での海から来訪する神の祭りと、川上の聖地における天の神の祭りとの間に、ひとつながりの信仰の推移を見出す視点は、折口の発想に導かれつつ組み立てられた著者の論の核心であろう。五十鈴川における神崎と内宮との関係を、兵庫県の西宮神社とその川上の広田神社との関係と比較し、西宮の恵比須《えびす》神信仰から、常世神の問題へとつなげてゆく展開は、なかなかにスリリングで興味深い（「Ⅴ 日本の古代信仰」）。同じ視点は、内宮のアマテラスとその御饌神《みけつかみ》としての外宮のトヨウケとの本来の関係を論じつつ、内宮が現在の地に置かれる以前の祭祀場所の変遷を推測してゆく際にも用いられている（「XI 伊勢の内宮と外宮の関係」）。

一方、『皇太神宮年中行事』六月十五日の海辺における贄の神事の条に収められた、古風を遺す歌が、『古今和歌集』に見える「君が代」の歌の原型と思われるという発見から、著者は、それらの歌が、もともと五十鈴川流域の村々の人々によって、首長たる宇治土公氏に対する服従の誓いとして捧げられたものであって、やがてその宇治土公氏が朝廷の支配に服すようになると、今度は宇治土公氏の手によって朝廷へと捧げられて「君が代」の歌を生んだと推定してゆく。そうした推定は、同様に、南伊勢・志摩各地域の海民たちの持ち伝えた神話が素材となって、『古事記』『日本書紀』に記されたような朝廷の神話を生み出していったという、前著から引き継がれた着想に対する確信へと、著者を導いていった。

そこから著者の視線は、『古事記』『日本書紀』の神話の大部分に、南伊勢・志摩地域の民俗や伝承とのつながりを見出してゆくことに向かう。イザナキ・イザナミ二神による国生みの神話（「Ⅳ 海の信仰と神話」）にはじまり、出雲国を舞台とする大国主《おおくにぬし》神と因幡の白兎の物語や、南九州の日向を舞台とするホホデミノミコトの海神宮訪問譚（いわゆる海幸・山幸の物語）までもが、この地域の海民の信仰へと還元される（「Ⅷ 神路川をめぐって」）。さらには、海辺の禊ぎより誕生し、天へと昇ったアマテラスから、日や穀霊等を意味する名を持ったその子孫の神々を経て、日向より瀬戸内海の水路を経て大和へ向かった初代神武天皇に至る、神話全体の基軸をなすプロットそのものの中に、海の神が川を遡って天の神として祭られ、天から降りたその神が川を下って新生を迎えるという信仰の形態との相似が見出されてゆくことになる（「VI 吉野・熊野と神武天皇」、「IX 大いなる神話ニッポン」）。

ここに至って、近代の民俗と古代の神話とが無批判に結びつけられ、著者自身の論理の筋道に対する自己反省は失われてゆく。性急にすべてをただひとつの起源に結びつけてゆこうとする目には、あらゆるものがその表れと見えてしまう。アマテラスの原像を追求する際に垣間見られた精神と方法の緊張は、残念ながらここにはない。

本書の冒頭で、著者は泉鏡花「歌行燈」や「高野聖」をとりあげ、その中に、古代の信仰に根ざした発想が、現代に生きつづける姿を見てとっている（「I 神話をつくる人びと」）。それにならって、最後に、著者や折口が見出した「日本の原始的な固有信仰」のスキームが、本書の刊行から半世紀以上が過ぎた今なおその変奏をつづけているひとつの例を、本書の話題に即して挙げておこう。

五十鈴川の河口で祭られていた常世の神が依り憑く神体は、二見浦の対岸、神崎の前面の海に浮かぶ八つの島（飛島列島）であった。その神を祭るのが、鳥羽市にある賀多神社である（「Ⅱ　日本神話の基盤」）。この賀多神社こそは、一九五四年の映画『ゴジラ』で、ゴジラを海の神として祭り鎮めるための神楽が行われた神社の撮影地である。神社の舞台として設定された「大戸島」は、劇中でゴジラが初めて陸地に姿を現す場所だが、実際の撮影は鳥羽市石鏡《いじか》町・相河町で行われた。海の彼方から出現して陸の人間たちの世界に破壊をもたらすゴジラは、常世からこの地を訪れた神が、人々によって祭られぬ時、災厄神としての様相を示す姿そのものであった（以上、志水義夫『ゴジラ傳』新典社、二〇一六の指摘にもとづく）。

二〇一六年、新たに日本を襲ったゴジラは、東京湾の多摩川河口から川を遡り、途中呑川に移動し蒲田付近で上陸した後に、それまでの川底を這い進むような姿から、二本の足で立つ姿へと新生を遂げる。モーション・キャプチャによりゴジラの動きを演じた野村萬斎は、「仏像や神がそのまま移動してきているような」イメージを意識したという（NHK総合『あさイチ』プレミアムトーク、二〇一八年六月八日放映）。本書の著者や、あるいは、遠くより来訪する恐るべき「海彼の猛獣」について論じた（「民族史観における他界観念」）ことのある折口が、もし生きてこの作品に接していたら、そこに何を見たのだろうか。

本書は一九六四年九月十五日に河出書房新社から刊行された。

図版クレジット

P. 40　今宮康博
P. 41　N_yotarou
P. 43　https://ameblo.jp/qqcyw579/
P. 49　Miyuki Meinaka
P. 59　今宮康博
P. 133　N_yotarou
P. 157 下　N_yotarou

宗教以前　高取正男／橋本峰雄

日本人の魂の救済はいかにして実現されうるのか。民俗の古層を訪ね、今日的な宗教のあり方を指し示す、幻の名著。（阿満利麿）

日本伝説集　高木敏雄

全国から集められた伝説より二五〇篇を精選。民話のほぼ全ての形式と種類を備えた決定版。日本人の原風景がここにある。（香月洋一郎）

人身御供論　高木敏雄

人身供犠は、史実として日本に存在したのか。民俗学草創期に先駆的業績を残した著者の、表題作他全13篇を収録した比較神話・伝説論集。（山田仁史）

売笑三千年史　中山太郎

〈正統〉な学者が避けた分野に踏みこんだ、異端の民俗学者・中山太郎。本書は、売買春の歴史・民俗誌に光をあてる幻の大著である。（川村邦光）

グリム童話　野村泫

子どもたちはどうして残酷な話が好きなのか？　残酷で魅力的なグリム童話の人気の秘密を、みごとに解きあかす異色の童話論。（坂内徳明）

初版 金枝篇（上）　J・G・フレイザー／吉川信訳

人類の多様な宗教的想像力が生み出した多様な事例を収集し、その普遍的説明を試みた社会人類学最大の古典。膨大な註を含む初版の本邦初訳。

初版 金枝篇（下）　J・G・フレイザー／吉川信訳

なぜ祭司は前任者を殺さねばならないのか？　そして、殺す前になぜ〈黄金の枝〉を折り取るのか？　事例の博捜の末、探索行は謎の核心に迫る。

火の起原の神話　J・G・フレイザー／青江舜二郎訳

人類はいかにして火を手に入れたのか。世界各地より夥しい神話や伝説を渉猟し、文明初期の人類の精神世界を探った名著。（前田耕作）

未開社会における性と抑圧　B・マリノフスキー／阿部年晴／真崎義博訳

人類における性は、内なる自然と文化的力との相互作用のドラマである。この人間存在の深淵に到るテーマを比較文化的視点から問い直した古典的名著。

ケガレの民俗誌　宮田登

被差別部落、性差別、非常民の世界など、日本民俗の深層に根づいている不浄なる観念と差別の問題を考察した先駆的名著。（赤坂憲雄）

はじめての民俗学　宮田登

現代社会に生きる人々が抱く不安や畏れ、怖さの源はどこにあるのか。民俗学の入門的知識をやさしく説きつつ、現代社会に潜むフォークロアに迫る。

南方熊楠随筆集　益田勝実編

博覧強記にして奔放不羈、稀代の天才にして孤高の自由人・南方熊楠。この猥雑なまでに豊饒な不世出の頭脳のエッセンス。（益田勝実）

奇談雑史　宮負定雄　佐藤正英／武田由紀子校訂・注

霊異、怨霊、幽明界など、さまざまな奇異な話の集大成。柳田国男は、本書より名論文「山の神とヲコゼ」を生み出す。日本民俗学、説話文学の幻の名著。

贈与論　マルセル・モース　吉田禎吾／江川純一訳

「贈与と交換こそが根源的人類社会を創出した」。人類学、宗教学、経済学ほか諸学に多大の影響を与えた不朽の名著、待望の新訳決定版。

山口昌男コレクション　山口昌男　今福龍太編

20世紀後半の思想界を疾走した著者の代表的論考をほぼ刊行編年順に収録。この独創的な人類学者＝思想家の知の世界を一冊で総覧する。（今福龍太）

貧困の文化　オスカー・ルイス　高山智博／染谷臣道／宮本勝訳

大都市に暮らす貧困家庭を対象とした、画期的なフィールドワーク。発表されるや大きなセンセーションを巻き起こした都市人類学の先駆的書物。

身ぶりと言葉　アンドレ・ルロワ＝グーラン　荒木亨訳

先史学・社会文化人類学の泰斗の代表作。人の生物学的進化、人類学的発展、大脳の発達、言語の文化的機能を壮大なスケールで描いた大著。（松岡正剛）

世界の根源　アンドレ・ルロワ＝グーラン　蔵持不三也訳

人間の進化に迫った人類学者ルロワ＝グーラン。半生を回顧しつつ、人類学・歴史学・博物館の方向性、言語・記号論・身体技法等を縦横無尽に論じる。

世界宗教史5　ミルチア・エリアーデ　鶴岡賀雄訳

古代ユーラシア大陸の宗教、八―九世紀までのキリスト教、ムハンマドとイスラーム、イスラームと神秘主義、ハシディズムまでのユダヤ教など。

世界宗教史6　ミルチア・エリアーデ　鶴岡賀雄訳

中世後期から宗教改革前夜までのヨーロッパの宗教運動、宗教改革前後における宗教、魔術、ヘルメス主義の伝統、チベットの諸宗教を収録。

世界宗教史7　ミルチア・エリアーデ　奥山倫明／木塚隆志／深澤英隆訳

エリアーデ没後、同僚や弟子たちによって完成された最終巻の前半部。メソアメリカ、インドネシア、オセアニア、オーストラリアなどの宗教。

世界宗教史8　ミルチア・エリアーデ　奥山倫明／木塚隆志／深澤英隆訳

西・中央アフリカ、南・北アメリカの宗教、日本の神道と民俗宗教。啓蒙期以降ヨーロッパの宗教的創造性と世俗化などを収録。全8巻完結。

シャーマニズム（上）　ミルチア・エリアーデ　堀一郎訳

二〇世紀前半までの民族誌的資料に依拠し、宗教史学の立場から構築されたシャーマニズム研究の金字塔。エリアーデの代表的著作のひとつ。

シャーマニズム（下）　ミルチア・エリアーデ　堀一郎訳

宇宙論的・象徴論的概念を提示した解釈は、霊魂の離脱（エクスタシー）という神話的な人間理解として現在も我々の想象力を刺激する。　（奥山倫明）

回教概論　大川周明

最高水準の知性を持つと言われたアジア主義者の力作。イスラム教の成立経緯や、経典などの要旨が的確に記された第一級の概論。　（中村廣治郎）

神社の古代史　岡田精司

古代日本ではどのような神々が祀られていたのか。《祭祀の原像》を求めて、伊勢、宗像、住吉、鹿島など主要な神社の成り立ちや特徴を解説する。

原典訳 チベットの死者の書　川崎信定訳

死の瞬間から次の生までの間に魂が辿る四十九日の旅――中有（バルドゥ）のありさまを克明に描き、死者に正しい解脱の方向を示す指南の書。

ちくま学芸文庫

日本《にほん》の神話《しんわ》

二〇一九年十一月十日　第一刷発行

著　者　筑紫申真（つくし・のぶざね）
発行者　喜入冬子
発行所　株式会社　筑摩書房
東京都台東区蔵前二―五―三　〒一一一―八七五五
電話番号　〇三―五六八七―二六〇一（代表）
装幀者　安野光雅
印刷所　株式会社精興社
製本所　株式会社積信堂

ISBN978-4-480-09957-0 C0114